办理法律援助案件程序规定理解与适用

对照法律援助法指导应用

BANLI FALÜ YUANZHU ANJIAN CHENGXU GUIDING LIJIE YU SHIYONG
DUIZHAO FALÜ YUANZHUFA ZHIDAO YINGYONG

郭志媛　卫跃宁　主编

中国法制出版社
CHINA LEGAL PUBLISHING HOUSE

序

    "公正司法是维护社会公平正义的最后一道防线"，严格公正司法就是"努力让人民群众在每一个司法案件中感受到公平正义"。在实现社会公平正义的过程中，法律援助工作发挥着至关重要的作用。为了满足人民群众对法律援助日益增长的需求，更好地维护公民合法权益，维护社会公平正义，《中华人民共和国法律援助法》已于2022年正式施行。这是我国法律援助制度建设的重要里程碑，标志着法律援助工作迈向新的台阶。为了更好地落实《中华人民共和国法律援助法》，有序地开展法律援助工作，司法部经过充分酝酿，对原《办理法律援助案件程序规定》（2012年颁布）进行了全面修订，修订后的《办理法律援助案件程序规定》于2023年9月1日起施行。在法律援助工作开展的新时期，《办理法律援助案件程序规定》（编者序部分以下简称《程序规定》）在承继《中华人民共和国法律援助法》基本原则与精神的前提下，突出法律援助工作的重点，细化与修正原有的规定，在指引、规范与促进我国法律援助工作方面表现出诸多亮点，主要包括以下四个方面。

第一，重视法法衔接，保障法律援助立法的统一性。作为指导我国法律援助工作的规范性文本，《程序规定》广泛吸纳了近年来我国法律援助改革取得的多项成果，充分参考了相关法律法观、司法解释、部门规章中有关法律援助工作的规定，妥善处理了法法衔接问题，有效地保障了法律援助规范体系的一致性。

首先，《程序规定》与新颁布的《中华人民共和国法律援助法》进行全面的衔接。《中华人民共和国法律援助法》是指导我国法律援助工作的基本法，《程序规定》将其主要内容体现于办理法律援助案件的程序规定之中，有助于我国法律援助案件办理原则、制度与规则的切实落地。例如，《程序规定》吸收法律援助法的规定，重申了办理法律援助案件的基本原则，明确"办理法律援助案件应当坚持中国共产党领导，坚持以人民为中心，尊重和保障人权，遵循公开、公平、公正的原则"；又如，《程序规定》根据实践经验，结合法律援助法的规定，对原框架结构与条文顺序进行调整，将原第二章"受理"修改为"申请与受理"，新增第四章"指派"，新增条文七条，进一步充实了办理法律援助案件的行为规则，理顺了相应的办案程序，为法律援助案件的办理提供了有效的指引；再如，

《程序规定》根据法律援助法的基本定位，进一步明确了办理法律援助案件的主体，即"法律援助机构组织办理法律援助案件，律师事务所、基层法律服务所和法律援助人员承办法律援助案件"，清晰地厘定了法律援助人员的主要范围，为有关主体积极履行法律援助义务提供了明确的法律依据。

其次，《程序规定》充分吸收其他规范性文本中涉及法律援助的相关规定。这些规范性文本包括但不限于刑事诉讼法及其相关司法解释、律师法、民事诉讼法、未成年人保护法、《全国刑事法律援助服务规范》、《全国民事行政法律援助服务规范》等。根据上述文本的有关规定，《程序规定》在内容安排方面，一方面强调了不同类型案件中法律援助的个性，例如，对可能被判处无期徒刑、死刑的人，以及死刑复核案件的被告人，应当指派具有三年以上刑事辩护经历的律师担任辩护人；对于未成年人刑事案件，应当指派熟悉未成年人身心特点的律师担任辩护人；另一方面也整合了现有的规定，基于法律援助案件办理程序普遍的共性，将其统一放置于法律援助案件办理程序的基本框架下，按照"申请与受理""审查""指派""承办"的顺序，从整体上厘清了我国法律援助案件办理程序规则的基本脉络，为指引、规范我国法律援助工作提供了较为全面的规范依据。

第二，以问题为导向，突出法律援助立法的针对性。随着社会经济的发展、司法改革的推进，我国法律援助领域近年来也出现了一些受到关注的争点和难点。《程序规定》在条款的设置上，以问题为导向，在广泛参考已有规定的基础上，对于这些争点和难点问题进行了有针对性的回应，充分体现了立法的实用性。

例如，《程序规定》针对实践中部分案件出现的法律援助律师与委托律师存在冲突的问题，对法律援助机构已指派律师为犯罪嫌疑人、被告人辩护，犯罪嫌疑人、被告人的监护人或者近亲属又代为委托辩护人的处理情况进行了专门的规定；又如，《程序规定》回应正在进行的刑事案件律师辩护全覆盖试点工作，对于刑事法律援助律师在侦查、审查起诉阶段的职责予以了明确；再如，《程序规定》基于实践中法律援助律师异地核查情况、调查收集材料存在不便的问题，就异地协作的程序以及无法协作的处理方式等进行了规范；复如，《程序规定》针对实践中部分法律援助律师消极履行职责的问题，就法律援助人员在不同案件、不同阶段的基本职责进行了规定，并明确了其对于受援人或其法定代理人、近亲属的约见义务。

第三，细化法律规定，加强法律援助立法的指导性。作为落实办理法律援助案件程序的规范文本，《程序规定》在原规定的基础之上，对法律援助法的相关规定予以了细化或补充，极大地提升了法律援助立法对于司法实践的指导性。这突出表现为以下两方面。

一方面是对相关规定的细化。例如，关于申请人对于法律援助机构不予法律援助的决定提出异议的时限，法律援助法并没有明确，《程序规定》参考相关规定，明确申请人提出异议应当在十五日内，这一规定有助于促进法律援助申请人及时行使异议权，促进法律援助申请争议的尽快处理；又如，关于法律援助机构决定终止法律援助后向受援人告知的时间，《程序规定》对法律援助法的相关规定进行了补充，明确法律援助机构应当在三日内将终止法律援助决定书发送受援人、通知法律援助人员所属单位并函告办案机关，这一规定充分保障了受援人获取权利变更信息的及时性。

另一方面是对相关规定的补充。例如，关于法律援助机构对于法律援助申请的审查内容，法律援助法没有明确，《程序规定》吸纳实践经验，明确法律援助机构应当从申请人、事项范围、经济困难状况三方面展开，这为法律援助申请的审查提供了明确的标准；又如，关于法律援助机构决定不予法律援助的情形，《程序规定》在原规定的基础上新增"不予法律援助决定书还应当载明申请人提出异议的途径和方式"，这一规定有助于申请人及时获知寻求救济的方式，维护自身的合法权益。

第四，立足受援人视角，最大限度体现便民原则。为落实法律援助法关于便民服务的要求，《程序规定》规定了如下便民措施：首先，贯彻公开原则，明确法律援助机构应当向社会公示并及时更新法律援助申请条件、程序等信息，要求加强信息化建设，为老年人、残疾人提供无障碍设备和服务，赋予办案机关、监管场所和值班律师在二十四小时内将法律援助申请材料转交给法律援助机构的义务，为公民获得法律援助提供便利。其次，简化申请程序。明确申请人申请法律援助时，不再需要提交经济困难证明表，但如果申请人有能够说明经济状况的证件或者证明材料，可以一并提供。申请人提供材料不齐全的，法律援助机构应当一次性告知申请人需要补充的全部内容。再次，优化办理流程。规定法律援助机构应当自收到法律援助申请之日起七日内进行审查并作出决定，明确了法律援助机构审查的主要内容、认定申请人经济困难的标准，规范了法律援助机构异地协作核查的程序。最后，畅通救济途径。规定申请人、受援人对法律援助机构不予法律援助或者终止法律援助的决定有异议的，自收到决定之日起十五日内向设立该法律援助机构的司法行政机关提出异议审查。

本书编者全程深度参与了《程序规定》的修订工作，能够准确把握每一个条文的修订重点、依据和理由。本书的出版既能为从事法律援助工作的专业人士提供程序指引，也能向那些对法律援助制度有兴趣的非专业人士普及推广法律援助案件的办理流程。愿我国法律援助事业蒸蒸日上，法律援助服务惠及更广泛的民众。

本书的具体撰写分工如下：

中国政法大学 卫跃宁教授：第一章

中国政法大学 刘译矾博士：第一章、第二章

中国政法大学 郭志媛教授：第三章

北京师范大学 严泽岷博士：第三章、第四章

天津师范大学 李佳威博士：第五章、第六章

编者

2023 年 10 月 于北京

目　　录

第一章 总 则

第一条 【目的与依据】① 为了规范办理法律援助案件程序，保证法律援助质量，根据《中华人民共和国法律援助法》《法律援助条例》等有关法律、行政法规的规定，制定本规定。

● 条文主旨

本条是关于《办理法律援助案件程序规定》制定目的与依据的规定。

● 条文释义

一、规范办理法律援助案件程序

法律援助是国家保护公民权利的重要法律制度，依法获得法律援助是公民享有的权利。法律援助工作的开展情况在某种意义上代表了一国法治文明发展的水平。作为国家法律公共服务的重要组成部分，法律援助是一项涉及多主体、多环节与多领域的复杂的系统工程，因此，法律援

---

① 条文主旨为笔者所加，下同。

助工作的有序开展离不开一套科学、健全的程序。《办理法律援助案件程序规定》作为司法部颁布的规范性文件，其首要目的便是规范办理法律援助案件的基本程序，为法律援助案件的办理提供有效的指引。基于此，本规定从多方面明确了法律援助案件的办理程序。

其一，《办理法律援助案件程序规定》明确了办理法律援助案件的基本主体及其职能。本规定第二条明确指出，法律援助机构是办理法律援助案件的组织者，律师事务所、基层法律服务所和法律援助人员则是法律援助案件的承办者；法律援助人员包括律师、基层法律服务工作者、法律援助志愿者以及法律援助机构中具有律师资格或者法律职业资格的工作人员等。

其二，《办理法律援助案件程序规定》理顺了办理法律援助案件的基本流程。法律援助案件的办理主要包括四个环节：申请与受理、审查、指派、承办。本规定依据法律援助案件办理的基本顺序，设专章对上述环节依次进行了规定，为法律援助机构与法律援助人员开展工作提供了全面、明确且翔实的操作指引。

其三，《办理法律援助案件程序规定》整合了办理法律援助案件相关的法律规定。我国有关办理法律援助案件的规定散落于多个具有不同性质、不同层次的文本中。本规定在修订时将这些规定进行了充分整合，适当吸收了相关规则，力图为办理法律援助案件提供最为全面的依据。

二、保证法律援助质量

我国在不断扩大法律援助范围的同时，也高度重视法律援助的质量。法律援助数量和质量之间是辩证且统一的关系。数量是法律援助工作的基础，而质量是法律援助工作的生命线。随着全面依法治国的深入推进，人民群众的法治观念和维权意识不断增强，群众对法律援助质量的要求也越来越高。为了适应新时代下新形势和新任务发展变化的要求，法律援助工作要不断解决发展中不平衡、不充分的问题，更好地满足人民群众日益增长的法律援助需求。所以，在当下开展法律援助工作的过程中，有必要将法律援助服务质量摆在更为突出的位置，实现法律援助由高速增长转变为高质量发展，进一步提升法律援助的质量。

对于法律援助质量的强调，修订后的《办理法律援助案件程序规定》在多个方面均有体现。例如，该规定第五条指出，法律援助人员应当及时为受援人提供符合标准的法律援助服务。"符合标准"的法律援助服务即是对法律援助服务质量所提出的要求。又如，该规定第二十五条、第二十六条提出，法律援助机构在指派法律援助人员时，应当考虑法律援助人员的专业特长、执业经验等，并对为可能被判处无期徒刑、死刑的人、死刑复核案件的被告人以及未成年人提供法律援助的律师提出了明确的资质要求。再如，该规定第三十三条在总结法律援助实践经验的基础上，明确了承办律师在刑事辩护法律援助案件办理过程中的职责，旨在进一步规范刑事法律援助律师的办案过程，提升法律援助工作的质量。

三、制定依据

相较于 2012 年制定的《办理法律援助案件程序规定》（以下简称旧规定），修订后的《办理法律援助案件程序规定》在立法依据方面有两点变化，一是删除了《中华人民共和国刑事诉讼法》，二是新增了《中华人民共和国法律援助法》，明确将《中华人民共和国法律援助法》《法律援助条例》等有关法律、行政法规的规定作为制定的依据。

立足当下我国法律援助的实践，法律援助应当是一项综合而非单一的工作，这一点已然成为共识。最早在刑事司法领域探索的法律援助工作如今已经发展并覆盖至法律服务的各个方面。在这一背景之下，如果仅将刑事诉讼法作为制定的依据，显然不合时宜。而如果将民事诉讼法等其他法律一并列入，又不免有挂一漏万之嫌。将刑事诉讼法从制定依据中删除，并不意味着刑事诉讼法不再是规范法律援助工作的规范性文本，只是表明刑事诉讼中的法律援助服务并不具有特殊性，而是法律援助服务的形式之一。

《中华人民共和国法律援助法》是我国第一部有关法律援助工作的立法。法律援助法的通过并施行，意味着我国法律援助制度正式进入"国家法"时代。作为国家的正式立法，法律援助法确立了法律援助的基本原则，为法律援助工作应对新时代下社会的新矛盾、满足人民群众的新需求、回应司法实践的新问题提供了坚强的制度保障。本次《办理法律援助案件程序规定》的修订正是对于法律援助法的一种回应，其目的就在于将法律援助法中确立的基本原则和基本制度在具体法律援助案件的办理过程中体现出来，为其实施制定具体的程序规定。从这个角度来看，本规定是法律援助法的程序法，因此法律援助法是制定本规定最直接的依据。

《法律援助条例》是中华人民共和国国务院于 2003 年公布并施行的条例。这是一部对于我国法律援助工作具有长期指导与规范作用的规范性文件。尽管这一条例在内容上与法律援助法有一定的重叠与交叉，但是作为国务院颁布的规范性文本，《法律援助条例》在未来法律援助工作开展的过程中，仍将发挥不可替代的作用。故修订后的《办理法律援助案件程序规定》仍将《法律援助条例》列为制定依据。

第二条　【法律援助机构与人员】法律援助机构组织办理法律援助案件，律师事务所、基层法律服务所和法律援助人员承办法律援助案件，适用本规定。

　　本规定所称法律援助人员，是指接受法律援助机构的指派或者安排，依法为经济困难公民和符合法定条件的其他当事人提供法律援助服务的律师、基层法律服务工作者、法律援助志愿者以及法律援助机构中具有律师资格或者法律职业资格的工作人员等。

● **条文主旨**

　　本条是关于法律援助机构与人员的规定。

● **条文释义**

　　相较于旧规定第二条，本条的修改主要有两方面：一是区分法律援助案件的组织主体和承办主体，前者是法律援助机构，后者则是律师事务所、基层法律服务所和法律援助人员；二是界定法律援助人员的定义及其范围。本条明确法律援助案件的组织者及承办者均适用本规定。

　　一、法律援助机构

　　法律援助机构是法律援助工作的组织机构。关于法律援助机构的成立和组织职责，法律援助法第十二条作出了明确的规定，即"县级以上人民政府司法行政部门应当设立法律援助机构。法律援助机构负责组织实施法律援助工作，受理、审查法律援助申请，指派律师、基层法律服务工作者、法律援助志愿者等法律援助人员提供法律援助，支付法律援助补贴"。

一是法律援助机构的设立。法律援助机构依法应当由县级以上人民政府司法行政部门设立，名称一般为"法律援助中心"。这里的"县级以上人民政府司法行政部门"是指国务院司法行政部门，省、自治区、直辖市人民政府的司法行政部门、不设区的市、市辖区人民政府的司法行政部门。据此，有一级司法行政部门，就应当有一级与之对应的法律援助机构。县级以上人民政府司法行政部门设立法律援助机构，显示了国家是法律援助的责任主体，法律援助机构代表国家和政府组织实施法律援助。与此同时，司法行政部门对法律援助机构的工作承担监督和指导的职责。

二是法律援助机构的职权。法律援助机构是法律援助工作的组织者，其职权主要包括以下三个方面。

其一，受理并审查法律援助申请。除依法由办案机关通知法律援助机构指派法律援助人员外，公民因经济困难或其他原因获得法律援助都需经申请。对于公民的申请，法律援助机构应当按照法定程序加以受理，并作出是否给予法律援助的决定。因此，受理和审查是法律援助程序的法定环节。其中，受理即接收公民提交的法律援助申请材料，主要为《办理法律援助案件程序规定》第十一条规定的相关内容；审查即根据提交的材料来判断是否符合法律援助的管辖及条件。

其二，指派法律援助人员。法律援助人员主要包括律师、基层法律服务工作者、法律援助志愿者以及法律援助机构中具有律师资格或者法律职业资格的工作人员等。在指派法律援助人员时，法律援助机构应当根据本机构、律师事务所、基层法律服务所的人员数量、专业特长、执业经验等因素，合理指派承办机构或者安排法律援助机构工作人员承办案件。除此之外，在特定的案件中，法律援助机构还应当考虑指派符合特定条件的法律援助人员。例如，对可能被判处无期徒刑、死刑的人，以及死刑复核案件的被告人，法律援助机构应当指派具有三年以上刑事辩护经历的律师担任辩护人；对于未成年人刑事案件，法律援助机构应当指派熟悉未成年人身心特点的律师担任辩护人。

其三，支付法律援助补贴。所谓"法律援助补贴"，是指法律援助机构按照规定支付给社会律师、基层法律服务工作者、社会组织人员等法律援助事项承办人员（不含法律援助机构工作人员，以及其他承办法律援助事项的具有公职身份的基层法律服务工作者、社会组织人员）所属单位的费用。根据司法部、财政部 2019 年联合印发的《关于完善法律援助补贴标准的指导意见》[1]，法律援助补

---

[1] 《关于完善法律援助补贴标准的指导意见》，载中国法律服务网，http://www.12348.gov.cn/pub/12348/qfy/flfg/202208/t20220817_461892.html，最后访问时间：2023 年 7 月 11 日。

贴的特征如下：（1）确定主体：由地方司法行政部门会同同级财政部门，或者授权市、县级人民政府司法行政部门会同同级财政部门，结合当地经济社会发展水平，根据承办法律援助事项直接费用、基本劳务费用等因素确定；（2）主要内容：根据法律援助的服务形式，法律援助补贴主要包括办案补贴标准、值班律师法律帮助补贴标准、法律咨询补贴标准；（3）调整方式：法律援助补贴标准采取动态调整机制，并逐步推行补贴与服务质量挂钩的差别补贴机制。

二、法律援助人员

根据本条第二款，法律援助人员是指接受法律援助机构的指派或者安排，依法为经济困难的公民和符合法定条件的其他当事人提供法律援助服务的律师、基层法律服务工作者、法律援助志愿者以及法律援助机构中具有律师资格或者法律职业资格的工作人员等。由此可见，法律援助人员主要包括四类主体：

一是律师。律师是指在律师事务所中从事法律服务的执业者。律师及律师事务所都负有履行法律援助的义务。《律师执业管理办法》第四十五条规定，"律师应当按照国家规定履行法律援助义务，为受援人提供符合标准的法律服务，维护受援人的合法权益，不得拖延、懈怠履行或者擅自停止履行法律援助职责，或者未经律师事务所、法律援助机构同意，擅自将法律援助案件转交其他人员办理"。①《律师事务所管理办法》第四十八条规定，"律师事务所应当依法履行法律援助义务，及时安排本所律师承办法律援助案件，为办理法律援助案件提供条件和便利，无正当理由不得拒绝接受法律援助机构指派的法律援助案件"。②

二是基层法律服务工作者。基层法律服务工作者是经司法行政机关核准取得《基层法律服务工作者执业证》，在基层法律服务所执业，为社会提供法律服务的人员。法律服务所是基层法律服务工作者的执业机构，其一般设立在乡镇和城市街道。③ 根据《基层法律服务工作者管理办法》第三十四条，基层法律服务工作者也负有法律援助的义务。基层法律服务所应当支持和保障本所基层法律服务工作者履行法律援助义务。④

三是法律援助志愿者。本条将法律援助志愿者纳入法律援助人员的范围。法律援助法第十七条第一款明确规定，国家鼓励和规范法律援助志愿服务；支持符合条件的

---

① 《律师执业管理办法》，载中国政府网，https://www.gov.cn/gongbao/content/2016/content_5113014.htm，最后访问时间：2023年7月11日。

② 《律师事务所管理办法》，载中国政府网，https://www.gov.cn/gongbao/content/2016/content_5109321.htm，最后访问时间：2023年7月11日。

③ 《基层法律服务所管理办法》，载中国政府网，https://www.gov.cn/gongbao/content/2001/content_61296.htm，最后访问时间：2023年7月11日。

④ 《基层法律服务工作者管理办法》，载中国政府网，https://www.gov.cn/gongbao/content/2018/content_5280585.htm，最后访问时间：2023年9月12日。

个人作为法律援助志愿者，依法提供法律援助。根据《志愿服务条例》第二条第二款，"志愿服务，是指志愿者、志愿服务组织和其他组织自愿、无偿向社会或者他人提供的公益服务"。① 法律援助志愿服务是志愿服务的重要内容之一。与其他的法律援助人员相比，法律援助志愿者无法领取法律援助补贴，但是可以领取法律援助补贴中的成本费用。随着我国法律援助范围的扩大，法律援助人员数量不足的问题逐渐凸显。例如，从 2012 年至 2018 年，我国法律援助案件数量从 1022015 件增长至 1452534 件，增长了 43%，但法律援助人员数从 14330 人增长至 14944 人，仅增长了 4.2%。② 法律援助人员数量的增长幅度远远不及法律援助案件数量的增长。在法律援助人员数量有限的情况下，法律援助志愿者是法律援助服务的重要供给，对于缓解当前"案多人少"的问题具有极大的帮助。

四是法律援助机构中具有律师资格或者法律职业资格的工作人员。法律援助法第十三条规定，"法律援助机构根据工作需要，可以安排本机构具有律师资格或者法律职业资格的工作人员提供法律援助"。由此可见，法律援助

① 《志愿服务条例》，载国家法律法规数据库，https://flk.npc.gov.cn/detail2.html? ZmY4MDgwODE2ZjNjYmIzYzAxNmY0MTMyM2ViZTFjNWM，最后访问时间：2023 年 7 月 17 日。

② 参见司法部法律援助中心编：《中国法律援助年鉴·2012》，中国民主法制出版社 2013 年版。樊崇义、施汉生主编：《中国法律援助制度发展报告 No.1（2019）》，社会科学文献出版社 2019 年版。

机构内部符合特定条件的工作人员也具有承办法律援助事项的资格。据学者不完全统计,全国平均每个县级以上行政单位只有4.5名法律援助人员。而我国法律援助资源分布又不平衡,发达地区尤其是城市地区法律援助人员较多,每个区县可能有数十名,这也意味着在不发达地区,每个县可能只有一两名甚至没有法律援助人员。[①] 在这种情况下,法律援助机构中的工作人员将是开展法律援助工作的重要主体。

第三条　【基本原则】 办理法律援助案件应当坚持中国共产党领导,坚持以人民为中心,尊重和保障人权,遵循公开、公平、公正的原则。

◐ **条文主旨**

本条是关于办理法律援助案件程序应当遵循的基本原则的规定。

◐ **条文释义**

对于办理法律援助案件程序的基本原则,本条严格依照法律援助法第三条的规定。主要包括以下内容。

---

① 参见陈永生:《论刑事法律援助的保障机制》,载《政治与法律》2022年第6期。

一、坚持中国共产党领导

完善法律援助制度是推进全面依法治国的重要举措，坚持推进全面依法治国，必须坚持中国共产党的领导。在开展法律援助工作的过程中，也必须将坚持中国共产党的领导作为首要原则，并将党的领导贯彻到法律援助工作的全过程、全方位、全方面。党和国家历来高度重视法律援助工作，党中央就完善法律援助制度、加强法律援助工作多次部署安排，旨在全面推进法律援助制度的发展和完善。

例如，2014年《中共中央关于全面推进依法治国若干重大问题的决定》明确指出，"完善法律援助制度，扩大援助范围，健全司法救助体系，保证人民群众在遇到法律问题或者权利受到侵害时获得及时有效法律帮助"。[①] 2015年中共中央办公厅、国务院办公厅专门制定《关于完善法律援助制度的意见》，就进一步加强法律援助工作，提出了总体要求，明确扩大法律援助范围、提高法律援助质量、提高法律援助保障能力、切实加强组织领导等多方面的要求。这一文件是我国建立健全法律援助制度的顶层设计和总体规划，也是一段时期内指导我国法律援助工作开

[①] 《中共中央关于全面推进依法治国若干重大问题的决定》，载中国政府网，https://www.gov.cn/zhengce/2014-10/28/content_2771946.htm，最后访问时间：2023年7月11日。

展的总纲领。① 2016 年《中华人民共和国国民经济和社会发展第十三个五年规划纲要》明确将"完善法律服务体系……完善法律援助制度，健全司法救助体系"作为重要内容。② 2019 年中共中央办公厅、国务院办公厅再次印发《关于加快推进公共法律服务体系建设的意见》，从推进基本公共法律服务均衡发展、促进公共法律服务多元化专业化、创新公共法律服务管理体制和工作机制、加大保障力度、切实加强组织领导等方面提出总体要求。③ 在上述文件的指引下，党的十八大以来，司法部积极履行法律援助责任，努力促进法律援助工作发展，已在全国范围内累计办理法律援助案件 1289 万余件，惠及受援人 1376 万余人（次），提供法律咨询 6540 万人（次），为维护困难群众合法权益、实现司法公正发挥了积极作用。④

---

① 《关于完善法律援助制度的意见》，载中国政府网，https：//www. gov. cn/guowuyuan/2015-06/29/content_2886516. htm，最后访问时间：2023 年 7 月 11 日。

② 《中华人民共和国国民经济和社会发展第十三个五年规划纲要》，载中国政府网，https：//www. gov. cn/xinwen/2016-03/17/content_5054992. htm，最后访问时间：2023 年 7 月 11 日。

③ 《关于加快推进公共法律服务体系建设的意见》，载中国政府网，https：//www. gov. cn/zhengce/2019-07/10/content_5408010. htm，最后访问时间：2023 年 7 月 11 日。

④ 《践行司法为民 推动高质量发展：热烈庆祝〈中华人民共和国法律援助法〉今日起施行》，载司法部网站，http：//www. moj. gov. cn/pub/sfbgw/jgsz/jgszzsdw/zsdwflyzzx/flyzzxgzdt/202201/t20220105_445751. html，最后访问时间：2023 年 7 月 11 日。

二、坚持以人民为中心

推进全面依法治国的根本目的是依法保障人民权益。作为中国特色社会主义法治体系的重要内容，我国法律援助的立法和实践也应当坚持以人民为中心的理念。坚持以人民为中心，意味着要把维护人民群众的合法权益作为出发点和落脚点，积极回应人民群众的法律援助需求，努力为人民群众提供及时便利、优质高效的法律援助服务。当然，坚持以人民为中心，不仅应当充分贯彻到办理法律援助案件程序规则制定的过程中，还应当将其作为法律援助工作开展的基本指南和根本遵守。根据法律援助法等有关规范性文件的规定，《办理法律援助案件程序规定》在修订的过程中，在多个方面均体现了"坚持以人民为中心"的宗旨。

例如，本规定第四条第二款规定"法律援助机构为老年人、残疾人提供法律援助服务的，应当根据实际情况提供无障碍设施设备和服务"，体现了法律援助工作对于弱势群体的人文关怀；又如，第十条在旧规定的基础上，进一步明确了法律援助案件的管辖，有助于避免法律援助机构相互推诿，促进申请人及时获得法律援助；再如，为解决"因经济困难"申请法律援助公民提交证明材料较为困难的问题，第十一条将申请人的"经济状况证明表"修改为"经济困难状况说明表"，明确由法律援助机构承担审

核的责任。上述修改充分说明，在办理法律援助案件程序
规定修订的过程中，坚持以人民为中心的原则得到了有效
的贯彻，期待在未来执行的过程中，这一原则将得到更充
分的体现。

三、尊重和保障人权

一般而言，所谓"人权"，是指人按其本性所应当享
有的权利，也就是"人的权利"。① 1948 年 12 月，联合国
大会通过《世界人权宣言》，这是第一个有关人权的专门
性国际文件，也是国际社会就人权和基本自由作出的郑重
宣言，为世界范围内人权的发展和保护奠定了基础。目
前，尊重和保障人权已经成为国际社会普遍承认的政治道
德观念，是否尊重和保障人权也成为评价一个国家文明和
法治水平的重要标杆。近年来，我国人权保障事业得到迅
速发展。2004 年，我国正式将"尊重和保障人权"写入宪
法，2012 年我国在修改刑事诉讼法时明确将"尊重和保障
人权"作为刑事诉讼的基本任务。尊重和保障人权不仅是
一种宣言、一个原则、一项目标，更是体现在我国立法、
执法与司法的整个过程之中。依法平等地获得法律援助是
公民的权利之一，因此尊重和保障人权也是办理法律援助
案件的基本原则和价值追求。在本规定修改的过程中，尊

---

① 参见李步云：《论人权的三种存在形态》，载《法学研究》1991
年第 4 期。

重和保障人权的理念也在多方面得到体现。

一是保障公民便捷、及时地获得法律援助。第十二条明确被羁押的犯罪嫌疑人、被告人、服刑人员以及强制隔离戒毒人员由办案机关或者监管场所代为转交申请法律援助的时间期限。第十三条规定申请人提交材料不齐全的，法律援助机构应当一次性告知申请人需要补充的全部内容，或者要求申请人作出必要的说明。第十四条优化因经济困难申请法律援助公民提交的证据材料，赋予法律援助机构核查申请人经济困难状况的责任，降低申请人自证经济状况的难度。

二是提高法律援助的质量。例如，第五条提出法律援助人员应当及时为受援人提供符合标准的法律援助服务，维护受援人的合法权益。第二十六条规定对于可能被判处无期徒刑、死刑的人，以及死刑复核案件的被告人，应当指派具有三年以上刑事辩护经历的律师担任辩护人；对于未成年人刑事案件，法律援助机构应当指派熟悉未成年人身心特点的律师担任辩护人。上述规定都旨在指派更为专业、更为适合的律师提供更高质量的法律援助。此外，第三十条还明确了法律援助人员与受援人或其法定代理人、近亲属的首次约见义务及告知事项。

三是加强法律援助的救济。如第十九条明确法律援助机构应当在不予法律援助决定书上载明不予法律援助的理由及申请人提出异议的途径和方式。第二十三条细化司法行政机关收到申请人对不予法律援助决定提出异议后的审查期限。

四、遵循公开、公平、公正的原则

一是公开原则。公开原则是指法律援助机构在组织法律援助的工作中应当及时披露重要的信息。这些信息包括但不限于：（1）与法律援助相关的法律法规；（2）法律援助机构的办公地址、联系方式等信息；（3）申请法律援助的条件、程序、材料目录和申请示范文本；（4）法律援助申请审查、作出决定的过程；（5）法律援助机构案件办理、质量考评情况；（6）法律援助经费的使用情况等。法律援助机构应当建立信息公开制度，确保准确、全面、及时地公开信息。"阳光是最好的防腐剂"，法律援助机构及时公开信息，有助于公民对法律援助机构的工作进行监督，促进法律援助机构更好地开展工作，促进法律援助制度的发展。

二是公平原则。公平原则是指法律援助机构应当依法平等地保护公民获得法律援助的权利，这是法律面前人人平等和机会均等在法律援助领域的体现。法律援助工作应当避免歧视对待、差别对待。公平原则贯穿于法律援助工作开展的全过程——法律援助机构受理、审查法律援助申请，作出是否予以法律援助的决定，指派法律援助人员。

法律援助机构与人员应当依照法律规定并根据受援人以及案件的实际情况作出公平的处理，使符合条件的公民都能获得法律援助，平等享受法律保护。

三是公正原则。公正原则是指法律援助机构在开展法律援助工作的过程中应当维护正义，依法维护受援人的合法权益，防止徇私舞弊。例如，法律援助机构在受理与审查法律援助申请时，应当严格按照法律规定作出是否予以法律援助的决定；又如，法律援助人员在开展法律援助工作的过程中，应当依法提供标准化、高质量的服务，依法维护受援人的合法权益；再如，法律援助人员的履职行为应当恪守职业道德和执业纪律，不得向受援人收取任何财物。

● 案例评析

浙江省台州市天台县法律援助中心对巴某等 31 人追索劳动报酬纠纷案提供法律援助案①

案情简介：

2020 年 4 月 8 日上午，来自河南的巴某带着单位法定代表人签字确认的工资表来到天台县法律援助中心咨询并

①《浙江省台州市天台县法律援助中心对巴某等 31 人追索劳动报酬纠纷案提供法律援助案》，载中国法律服务网司法行政（法律服务）案例库，http://alk.12348.gov.cn/LawSelect/Detail?dbID=46&dbName=FYGL&sysID=19932，最后访问时间：2023 年 7 月 29 日。

请求法律援助。经过了解，天台某足浴会所在 2020 年 2 月关停，31 位来自全国各地的农民工被欠薪。经多次催讨无果，31 位中大部分人员都已陆续回老家，不在天台。从提供的欠薪工资表中可以看出，欠薪多的上万，少则几千，合计共 13 万余元。如何做到既维护他们的权益，又能节约他们的维权成本呢？

根据《浙江省法律援助条例》第九条第五项规定，请求支付劳动报酬的属于法律援助事项。因此，本案作为农民工追索劳动报酬案可直接受理。法援中心决定立即告诉巴某同意受理且提供援助，并开展四项工作措施，让另外 30 位分散在异地的农民工实现"零跑动"维权。第一，推选、确定集体欠薪案代表人。通过电话、微信等方式与其他 30 位农民工取得联系，并充分沟通，确定尚在天台的巴某为代表人。第二，预指定案件承办人。预指定浙江某律师事务所的汤律师为该案的承办律师。让承办律师提前介入，收集证据，确保证据充分全面，为今后胜诉铺平道路。第三，拟定特别授权代理委托书。让其他 30 位农民工特别授权委托代表人巴某和承办律师代为申请法律援助、代为起诉和参与诉讼、代为申请执行等，并将《特别授权代理委托书》用网上传输方式发送到各位农民工手中，由他们自己打印、签署后，以挂号信的方式邮寄到天台县法律援助中心。第四，提供银行账号和相关证据。将欠薪的相关证据邮寄到天台县法律援助中心，并提供各自的银行账号，确保案件胜诉后执行款项能及时送到各位农民工的手中，真正实现"零跑动"维权。

该案在启动"全程代理制"后不到一星期，信件如雪片一样从全国各地寄来。4月15日上午，天台县法律援助中心在整理材料后马上进行了正式的受理和指派。承办律师也加班加点工作，通过电话、微信等一遍遍的核对、确认，确保材料准确无误。

接受指派当天下午，承办律师第一时间将诉讼材料提交至立案庭调解收案窗口，就本案特殊情况与法院进行沟通，请求尽快安排调解程序。在承办律师的沟通下，法院也是一路"绿灯"，当天就安排案件调解人员联系公司法人并进行劝说。本案在立调第二天就组织公司方和受援方对欠薪事宜进行调解。在承办律师的全力争取下，法人在与公司各股东协商后，同意了半月内支付所有员工工资，否则需支付违约金的调解方案。

本案从法援受理到办理委托诉讼程序，最后到收到法院司法确认裁定书，仅用了3天时间。巴某等31人对本案的处理结果非常满意，本案现已实际履行到位。

案件点评：

农民工讨薪问题涉及群众切身利益，集体讨薪案件通常涉案人数众多、分布广泛，解决难度较大。在本案中，天台县法律援助中心创新援助举措，降低受援人的维权成本，从多个方面着手切实努力维护弱势群体的权益，真正地体现了"以人民为中心"。其一，天台县法律援助中心积极发挥主观能动性、提高工作效率，在尽可能短的时间里帮助解决纠纷，充分地彰显了法律援助的及时性；其二，天台县法律援助中心站在受援人的立场，想他们所想，急他们所急，通过各种方式实现异地受援人"零跑动"维权，最大限度维护了农民工的合法权益，充分地体现了法律援助的便民性。

第四条　【法律援助信息化建设及特殊群体帮扶】法律援助机构应当建立健全工作机制，加强信息化建设，为公民获得法律援助提供便利。

法律援助机构为老年人、残疾人提供法律援助服务的，应当根据实际情况提供无障碍设施设备和服务。

◖ **条文主旨**

本条是关于法律援助信息化建设及特殊群体帮扶的规定。

◖ **条文释义**

本条规定充分体现了办理法律援助案件应当"坚持以

人民为中心""尊重和保障人权"的基本原则。在旧规定
第三条的基础上,本条对"为公民获得法律援助提供便
利"进行了具体展开,主要包括两方面。一方面是加强信
息化建设,另一方面是对老年人、残疾人等特殊群体的
帮扶。

一、法律援助的信息化建设

随着互联网技术的不断革新,司法信息化迅速发展。
作为公共法律服务的重要组成部分,法律援助工作亟需融
入司法信息化的改革,这是新时期法律援助工作发展的必
然要求。2015 年,中共中央办公厅、国务院办公厅印发
《关于完善法律援助制度的意见》,明确指出在法律援助工
作中提升信息化工作水平的整体要求,即"加强基础设施
建设……加强信息化建设,加大投入力度,改善基层信息
基础设施,提升法律援助信息管理水平,实现集援务公
开、咨询服务、网上审查、监督管理于一体的网上管理服
务,实现与相关单位的信息共享和工作协同"。为落实中
央文件精神,2017 年司法部《"十三五"全国司法行政信
息化发展规划》提出,要全面开展"互联网+政务服务",
建设全国一体化的涵盖律师、公证、法律援助、司法鉴
定、人民调解等服务……构建方便快捷、公平普惠、优质
高效的法律服务信息体系,更好地满足人民群众日益增长

的法律服务需求。① 在此背景之下，法律援助法第五十一条规定，"国家加强法律援助信息化建设，促进司法行政部门与司法机关及其他有关部门实现信息共享和工作协同"。

　　法律援助机构建立健全工作机制，加强信息化建设，主要包括但不限于以下方面：（1）与有关单位建立统一的法律援助信息管理系统，如法律援助机构可探索与本地民政部门、公安机关建立信息共享机制，法律援助机构对申请人经济状况进行审核时，可依托上述信息管理系统进行认定，提高审核的效率与质量。（2）与公安机关、人民检察院、人民法院等有关单位建立案件信息的收集与处理平台，借助该平台，法律援助机构可以了解相关案件的处理过程，及时做好法律援助咨询、申请转交、组织实施等方面的工作，以便为符合条件的受援对象提供及时、必要的法律援助。（3）与工会、妇联、残联等群团组织搭建信息共享平台，通过该信息平台，既可以为受援人提供多渠道的法律援助，也可以避免重复提供法律援助。（4）与其他地方的法律援助机构建立工作信息协同平台，通过该平台，多地法律援助机构可对跨区域的法律援助案件开展协

---

　　① 《"十三五"全国司法行政信息化发展规划》的通知，载司法部网站，http://www.moj.gov.cn/pub/sfbgw/gwxw/xwyw/szywbnyw/202101/t20210122_147814.html，最后访问时间：2023 年 6 月 11 日。

作配合，促进法律纠纷的实质性、全方位解决。

二、对老年人、残疾人的帮扶

老年人、残疾人在社会中属于弱势群体，其相关权益极易受到侵犯，是法律援助工作应当重点关注的对象。法律援助机构为老年人、残疾人提供法律援助服务时，应当根据实际情况，为其提供无障碍设施设备和服务，避免老年人、残疾人在寻求法律援助的过程中受到"二次伤害"。

关于为老年人、残疾人提供无障碍设施设备和服务，我国相关法律法规已经作出了明确的规定。残疾人保障法第七章就无障碍环境单独作出规定，如第五十三条规定，"无障碍设施的建设和改造，应当符合残疾人的实际需要……各级人民政府和有关部门应当按照国家无障碍设施工程建设规定，逐步推进已建成设施的改造，优先推进与残疾人日常工作、生活密切相关的公共服务设施的改造。对无障碍设施应当及时维修和保护"。第五十五条规定，"公共服务机构和公共场所应当创造条件，为残疾人提供语音和文字提示、手语、盲文等信息交流服务，并提供优先服务和辅助性服务"，等等。《无障碍环境建设条例》在第十二条第二款将国家机关的公共服务场所明确列为应当优先推进无障碍设置改造的机构、场所。① 法律援助机构作

---

① 《无障碍环境建设条例》，载中国政府网，https：//www.gov.cn/zhengce/2012-07/10/content_2602605.htm，最后访问时间：2023 年 7 月 17 日。

为提供政务服务的公共机构应当满足国家关于无障碍环境建设的要求。无障碍环境建设至少应当包括两方面的内容。

其一，提供无障碍设施设备。法律援助机构的办公场所应当提供方便残疾人、老年人通行和使用的无障碍设施设备。例如，办公场所应当符合无障碍设施工程建设标准，并与周边的无障碍设施相衔接。又如，无障碍设施应当设置符合标准的无障碍标识，并纳入城市环境或者建筑内部的引导标识系统。此外，无障碍标识应当位置醒目，内容清晰、规范，指明无障碍设施的走向及位置。

其二，提供无障碍法律服务。在当前法律援助信息化建设过程中，应当特别关注老年人、残疾人的无障碍信息获取，为老年人、残疾人运用智能技术获取信息提供便利。对此，2023 年 6 月，我国正式颁布《中华人民共和国无障碍环境建设法》，明确提出无障碍设施建设、无障碍信息交流、无障碍社会服务等多方面的要求。在此之前，我国有关部门也相继出台了一系列规范性文件，如《关于加强网站无障碍服务能力建设的指导意见》①《关于切实解决老年人运用智能技术困难的实施方案》②《互联网应用适

---

① 《关于加强网站无障碍服务能力建设的指导意见》，载中国政府网，https：//www.gov.cn/fuwu/cjr/2016-03/07/content_5059768.htm，最后访问时间：2023 年 6 月 11 日。

② 《关于切实解决老年人运用智能技术困难的实施方案》的通知，载中国政府网，https：//www.gov.cn/zhengce/zhengceku/2020-12/30/content_5575177.htm，最后访问时间：2023 年 6 月 11 日。

老化及无障碍改造专项行动方案》①《关于推进信息无障碍的指导意见》②。在上述文件的指引下，法律援助机构应当结合实际情况，不断加强无障碍信息服务工作。例如，法律援助机构设置的电子信息平台、公共服务网站及其移动终端应用，应当符合或者逐步达到相关无障碍设计标准。又如，法律援助机构应当创造条件为有需求的听力、言语残疾人提供文字信息服务，为有需求的视力残疾人提供语音信息服务；移动终端应用应当提供能够与无障碍信息交流服务相衔接的技术、产品。再如，法律援助机构和法律援助工作开展的场所应当创造条件为残疾人提供语音和文字提示、手语、盲文等信息交流服务，设置语音提示、信息屏幕系统等信息无障碍传递设备，并对法律援助相关工作人员进行无障碍服务技能培训。

第五条　【法律援助人员依法履职】 法律援助人员应当依照法律、法规及本规定，遵守有关法律服务业务规程，及时为受援人提供符合标准的法律援助服

---

① 《工业和信息化部关于印发〈互联网应用适老化及无障碍改造专项行动方案〉的通知》，载中国政府网，https://www.gov.cn/zhengce/zhengceku/2020-12/26/content_5573472.htm，最后访问时间：2023年6月11日。

② 《工业和信息化部、中国残联关于推进信息无障碍的指导意见》，载中国政府网，https://www.gov.cn/gongbao/content/2020/content_5570087.htm，最后访问时间：2023年6月11日。

务，维护受援人的合法权益。

● 条文主旨

本条是关于法律援助人员依法履职的规定。

● 条文释义

根据法律援助法第十九条，本条对旧规定第四条的修改有三：一是新增"及时"，强调法律援助人员为受援人提供法律援助服务应当及时；二是将"优质高效"修改为"符合标准"，明确法律援助服务的质量应当实现标准化；三是新增"维护受援人的合法权益"，重申法律援助服务的宗旨。

一、法律援助人员应当依法履职

根据本条，法律援助人员应当依照法律、法规及本规定，遵守有关法律服务业务规程。这里的"法律、法规"主要包括宪法、法律、行政法规、地方性法规、自治条例、规章、法律解释，以及我国政府加入的条约和行政协定。[1]这里的"有关法律服务业务规程"主要包括《律师执业管

---

[1]　参见张勇、熊选国主编：《中华人民共和国法律援助法释义》，法律出版社 2021 年版，第 91 页。

理办法》①《律师办理刑事案件规范》②《全国刑事法律援助服务规范》③《全国民事行政法律援助服务规范》④《关于刑事诉讼法律援助工作的规定》⑤《关于开展法律援助值班律师工作的意见》⑥ 等。依法履职意味着法律援助人员应当在规范性文件的框架下开展法律援助工作，不能超越现行的有关规定。

　　"依法履职"中的"法"范围较为广泛。在《中华人民共和国法律援助法》《法律援助条例》《办理法律援助案件程序规定》等法律、规章的基础之上，地方有关司法行政部门也可结合本地实际，制定更为细致、具体和灵活的

---

　　① 《律师执业管理办法》，载中国政府网，https：//www.gov.cn/gong-bao/content/2016/content_5113014.htm，最后访问时间：2023 年 7 月 11 日。

　　② 《律师办理刑事案件规范》，载中国律师网，http：//www.acla.org.cn/article/page/detailById/21220，最后访问时间：2023 年 7 月 12 日。

　　③ 《全国刑事法律援助服务规范》，载司法部网站，http：//www.moj.gov.cn/policyManager/policy_index.html? showMenu = false&showFileType = 2&pkid = 0c0c247e896d4090babe2c2a1044e902，最后访问时间：2023 年 7 月 12 日。

　　④ 《全国民事行政法律援助服务规范》，载司法部网站，http：//www.moj.gov.cn/pub/sfbgw/zwxxgk/fdzdgknr/fdzdgknrlzyj/lzyjsfhybzj/202109/W020210907724991470964.pdf，最后访问时间：2023 年 7 月 12 日。

　　⑤ 《关于刑事诉讼法律援助工作的规定》，载最高人民检察院网站，https：//www.spp.gov.cn/zdgz/201302/t20130218_55813.shtml，最后访问时间：2023 年 8 月 25 日。

　　⑥ 《关于开展法律援助值班律师工作的意见》，载最高人民检察院网站，https：//www.spp.gov.cn/zdgz/201708/t20170829_199292.shtml，最后访问时间：2023 年 7 月 12 日。

符合本地实际情况的规范性文件。

二、及时为受援人提供符合标准的法律援助服务

(一) 法律援助服务的及时性

法律援助的目的是给予遇到法律问题或者权利受到侵害的人民群众法律上的帮助。法律援助的及时性直接影响受援人权益保护的程度，也直接决定了法律援助工作的效率。法律援助法第十九条对法律援助的及时性提出了明确要求，即法律援助人员应当"及时为受援人提供符合标准的法律援助服务，维护受援人的合法权益"。提高法律援助工作的效率，保障受援人及时获得法律援助，亟需从多方面予以完善。

一是公民有便捷获取法律援助信息的途径。申请人申请法律援助是法律援助程序的开始。申请人及时获得法律援助的前提是，其有便捷获取法律援助申请的条件、范围和程序等信息的途径。对此，本规定第四条第一款规定，"法律援助机构应当建立健全工作机制，加强信息化建设，为公民获得法律援助提供便利"。第八条规定，"法律援助机构应当向社会公布办公地址、联系方式等信息，在接待场所和司法行政机关政府网站公示并及时更新法律援助条件、程序、申请材料目录和申请示范文本等"。第九条规定，"法律援助人员在提供法律咨询、代拟法律文书、值班律师法律帮助过程中，对可能符合代理或者刑事辩护法

律援助条件的，应当告知其可以依法提出申请"。上述规定都旨在从多角度、多途径为申请人获取法律援助相关信息提供便利，从而方便申请人及时提出申请。

二是法律援助人员在时限内快速作出决定。法律援助程序包括申请与受理、审查、指派、承办等多个环节。提高法律援助工作的效率还需要法律援助人员在每个环节快速作出反应，避免拖延甚至相互推诿。对此，本规定在修改时既明确了多个环节法律援助人员作出决定的时间期限，也再次明晰了法律援助管辖的基本规则。例如，第十条规定，"对诉讼事项的法律援助，由申请人向办案机关所在地的法律援助机构提出申请；对非诉讼事项的法律援助，由申请人向争议处理机关所在地或者事由发生地的法律援助机构提出申请。申请人就同一事项向两个以上有管辖权的法律援助机构提出申请的，由最先收到申请的法律援助机构受理"。第十二条规定，"被羁押的犯罪嫌疑人、被告人、服刑人员以及强制隔离戒毒人员等提出法律援助申请的，可以通过办案机关或者监管场所转交申请。办案机关、监管场所应当在二十四小时内将申请材料转交法律援助机构。犯罪嫌疑人、被告人通过值班律师提出代理、刑事辩护等法律援助申请的，值班律师应当在二十四小时内将申请材料转交法律援助机构"。第十七条第一款规定，"法律援助机构应当自收到法律援助申请之日起七日内进行审查，作出是否给予法律援助的决定"。第二十三条规定，"司法行政机关应当自收到异议之日起五日内进行审查"。第二十四条规定，法律援助机构应当自作出给予法律援助决定之日起三日内依法指派或安排法律援助人员承办法律援助案件。对于通知辩护或者通知代理的刑事法律援助案件，法律援助机构收到人民法院、人民检察院、公安机关要求指派律师的通知后，应当在三日内指派律师承办法律援助案件，并通知人民法院、人民检察院、公安机关。

（二）法律援助服务的标准化

随着法律援助法的颁布、律师辩护全覆盖的改革试点的探索，① 我国法律援助的范围不断扩展，如适用普通程序审理的案件、死刑复核案件都被纳入了法律援助的范围。在法律援助的"量"不断提升的同时，如何提高法律援助的"质"，是当前法律援助工作亟待解决的难题。对此，法律援助法和本规定都明确提出法律援助人员应当提供符合标准的法律援助服务，即法律援助服务应当具有一般的标准。这一标准就成为衡量法律援助服务质量的重要指标。关于法律援助服务的标准化，我国多份规范性文件

---

① 《关于进一步深化刑事案件律师辩护全覆盖试点工作的意见》，载中国政府网，https://www.gov.cn/gongbao/content/2022/content_5734814.htm，最后访问时间：2023 年 7 月 12 日。

都有规定。

2003 年《法律援助条例》第六条明确提出要为受援人提供符合标准的法律服务。2015 年中共中央办公厅、国务院办公厅印发《关于完善法律援助制度的意见》，把"推进法律援助标准化建设"作为提高法律援助质量的一项重要措施，明确要求制定刑事、民事、行政法律援助案件质量标准。2017 年国务院印发《"十三五"推进基本公共服务均等化规划》，将法律援助列入基本公共服务，要求建立健全服务标准体系。① 2019 年中共中央办公厅、国务院办公厅印发《关于加快推进公共法律服务体系建设的意见》，对法律援助等公共法律服务工作做出部署，要求构建公共法律服务评价指标体系。② 基于此，2019 年司法部先后发布了《全国刑事法律援助服务规范》《全国民事行政法律援助服务规范》等多项标准。这些规范成为指导法律援助人员开展刑事法律援助服务、民事行政法律援助服务的重要标准。

例如，《全国刑事法律援助服务规范》规定了刑事法律援助服务原则、服务类型、法律咨询、值班律师法律帮

---

① 《国务院关于印发"十三五"推进基本公共服务均等化规划的通知》，载中国政府网，https://www.gov.cn/zhengce/content/2017-03/01/content_5172013.htm，最后访问时间：2023 年 7 月 12 日。

② 《关于加快推进公共法律服务体系建设的意见》，载中国政府网，https://www.gov.cn/zhengce/2019-07/10/content_5408010.htm，最后访问时间：2023 年 7 月 12 日。

助、刑事法律援助和服务质量控制的基本要求等。《全国刑事法律援助服务规范》指出刑事法律援助服务包括四种类型，即法律咨询、值班律师法律帮助、刑事辩护和刑事代理，并对上述四种类型的具体标准进行了翔实、专业、细致的梳理。又如，《全国民事行政法律援助服务规范》规定了民事行政法律援助的服务原则、服务类型以及法律咨询、诉讼案件代理、非诉讼案件代理和服务质量控制等要求，并对民事行政法律援助三种类型的具体要求和流程进行了总结。

《全国刑事法律援助服务规范》与《全国民事行政法律援助服务规范》都是我国法律援助工作标准化工作的积极探索。这些标准既可以适用于法律援助机构组织实施法律援助工作，也可以适用于法律援助机构对提供法律援助服务的其他机构及其人员进行的监督管理工作。

三、维护受援人的合法权益

法律援助人员依法履职的目的是维护受援人的合法权益。一方面，法律援助人员应当在法律的框架内为维护受援人的合法权益尽最大的努力，最起码应当提供符合标准的法律援助服务。另一方面，法律援助人员维护的是受援人的合法权益，对于受援人提出的不当要求甚至是违法事项，法律援助人员不负有帮扶的职责。例如律师法第三十二条、《律师办理刑事案件规范》第十二条都规定，委托事项违法、委托人利用律师提供的服务从事违法活动，或者委托人故意隐瞒与案件有关的重要事实的，律师有权拒绝辩护或者代理。

第六条　【法律援助人员的职业道德和执业纪律】 法律援助人员应当恪守职业道德和执业纪律，自觉接受监督，不得向受援人收取任何财物。

▪ 条文主旨

本条是关于法律援助人员应当恪守职业道德和执业纪律的规定。

▪ 条文释义

根据本规定第二条，法律援助人员包括律师、基层法律服务工作者、法律援助志愿者以及法律援助机构中具有律师资格或者法律职业资格的工作人员等。在法律援助活动中，法律援助人员应当恪守职业道德和执业纪律，自觉接受监督，这应当是法律执业者的基本义务。

一、恪守职业道德和执业纪律

法律援助人员的职业道德和执业纪律问题一直备受关注。法律援助人员恪守职业道德和执业纪律具有重要的意义。其一，恪守职业道德和执业纪律是法律援助人员为受援人提供高质量法律援助服务的前提，也直接影响了受援人在法律援助活动中对于公平公正的感受；其二，恪守职业道德和执业纪律有助于塑造并维系法律援助人员良好的职业形象，是法律援助机构获得社会信任、促进法律援助工作持续发展的重要保证；其三，恪守职业道德和执业纪律也是实现法律援助机构与公安机关、司法机关等办案机关良性互动的基础。

关于律师应当恪守职业道德和执业纪律，我国多个规范性文件都有明确的规定。2017 年律师法第三条规定，"律师执业必须遵守宪法和法律，恪守律师职业道德和执业纪律"。2017 年修订的《律师办理刑事案件规范》第四条规定，"律师参与刑事诉讼，应当遵守法律、法规，恪守律师职业道德和执业纪律"。2017 年修订的《基层法律服务工作者管理办法》第二十五条第一款规定，"基层法律服务工作者应当遵守宪法和法律，恪守职业道德和执业纪律，做到依法执业、诚信执业、规范执业"。尽管从范围上看，法律援助人员的主体具有多元性，不仅有律师，还包括基层法律服务工作者、法律援助志愿者以及法律援助机构中具有律师资格或者法律职业资格的工作人员，但从广泛意义上看，这些人员都隶属于法律服务行业，他们为受援人提供的法律援助服务，与律师开展的工作并无二致。因此，律师以外的其他法律援助人员在开展法律援助活动过程中应当恪守职业道德和执业纪律，也是应有之义。

有关律师的职业道德和执业纪律，司法部曾于 1993 年颁布《律师职业道德和执业纪律规范》，中华全国律师协会先后于 1997 年、2001 年对《律师职业道德和执业纪律规范》进行修订。当前我国尚未颁布有关法律援助人员的职业道德和执业纪律，在法律援助法、《法律援助条例》的基础之上，《律师职业道德和执业纪律规范》可以成为法律援助人员开展法律援助活动的主要依据。

修订后的《律师职业道德和执业纪律规范》① 共包括七章、四十九条。其中，关于律师的职业道德，该规范从九个方面确定了律师职业道德的基本准则；关于律师的执业纪律，该规定则详细地规定了律师在执业机构中的纪律，律师在诉讼、仲裁活动中的纪律，律师与委托人、对方当事人的纪律，律师与同行之间的纪律等。相较而言，律师的职业道德较为抽象，对于律师执业主要发挥整体指导和宏观指引的作用；而律师的执业纪律在内容上则较为具体，明确规定了律师应承担的义务，对于律师的执业主要发挥规范、约束的作用。例如，《律师职业道德和执业纪律规范》第二十八条规定，"律师不得在同一案件中为双方当事人担任代理人。同一律师事务所不得代理诉讼案件的双方当事人，偏远地区只有一律师事务所的除外"，

---

① 《律师职业道德和执业纪律规范》，载《法制日报》2002 年 3 月 3 日。

这一条即是有关律师执业利益冲突的规定，该规定明确限定了律师以及同一律师事务所不得为双方当事人担任代理人；又如，第三十三条规定，"律师接受委托后无正当理由不得拒绝为委托人代理"，这一条明确了律师不得随意拒绝辩护或代理。这些规定都对律师的执业提出了明确、具体的要求。恪守职业道德和执业纪律是法律援助人员必须履行的基本义务，法律援助人员违反这一义务，应当按照有关规定予以处分或者处理。

二、自觉接受监督

法律援助人员恪守职业道德和执业纪律，既需要内在自觉，也需要外在监督，二者缺一不可。法律援助人员开展法律援助活动，应当接受多主体监督。

一是司法行政单位的监督。各级司法行政单位对于法律援助机构、法律援助人员承担监督、管理和指导的职责，因此，法律援助人员应当自觉接受司法行政单位的监督。

二是法律援助机构的监督。法律援助机构是办理法律援助案件的组织者，其指派或者安排法律援助人员具体承办法律援助案件。法律援助机构对于法律援助人员的监督贯穿于法律援助活动的整个过程之中：从指派，到承办，再到结案。对此，本规定在多条中均有体现。例如，第三十六条第一款规定，在办理法律援助案件的过程中，法律援助人员应当按照法律援助机构要求报告案件承办情况。第三十七条第一款规定，法律援助人员未依法履行职责的，受援人可以请求法律援助机构更换法律援助人员。第四十条第一款规定，法律援助案件办理结束后，法律援助人员应当及时向法律援助机构报告，并自结案之日起三十日内向法律援助机构提交结案归档材料。第四十一条规定，结案后，法律援助机构应当对法律援助人员提交的结案归档材料进行审查，并对结案归档材料齐全规范的法律援助人员及时支付法律援助补贴。

三是办案机关的监督。法律援助人员在开展法律援助活动的过程中，也会与有关办案机关产生交集。法律援助人员提供的法律援助服务的质量，不仅直接影响受援人权益的维护，也会在很大程度上影响相关程序的进展和案件办理的质量。因此，办案机关也可以对法律援助人员的工作进行监督。严重违反职业道德、执业纪律，或者严重不尽职不尽责，造成较为严重结果或者恶劣影响的，有关办案机关也可以采用适当的方式，如向司法行政机关、法律援助机构发出司法建议书，建议有关单位对法律援助人员进行监督，目前我国实践中已有类似的探索。

四是社会公众的监督。通过法律援助机构公示的信息，社会公众也可对法律援助人员的工作进行监督。当然这种监督方式的力度可能有限，并受制于多方面条件的限制，如法律援助机构公示信息的范围，社会公众了解信息的范围，等等。

三、不得向受援人收取任何财物

在有关法律援助人员应当恪守职业道德和执业纪律的规定中，本条专门强调"不得向受援人收取任何财物"。这一要求包含两层含义：一是法律援助人员不能接受受援人赠送的任何财物；二是法律援助人员不能主动要求受援人给予财物。之所以特别规定，是因为法律援助是国家向符合条件的当事人无偿提供的一种法律服务，属于公共法律服务体系的组成部分。因此，法律援助人员不得与受援人有任何财物关系，否则就直接违反了法律援助制度设置的初衷。相关主体违反这一规定的，将受到相应的处理。例如，法律援助机构及其工作人员违反这一规定的，根据法律援助法第六十一条，由设立该法律援助机构的司法行政部门责令限期改正；有违法所得的，责令退还或者没收违法所得；对直接负责的主管人员和其他直接责任人员，依法给予处分。律师、基层法律服务工作者违反这一规定的，根据法律援助法第六十三条，由司法行政部门依法给予处罚。

● **案例评析**

北京市某法律援助中心指派律师为谢某、李某辩护案①

案情简介：

2012 年北京某中级人民法院受理谢某强奸、抢劫案以及被告人李某故意伤害案。对于这两起可能判处死刑的案件，法律援助中心指派周某分别担任谢某和李某的辩护人。在这两个案件中，周某发表的意见均为犯罪系初犯、偶犯，请求法院对其从轻处罚。一审结束后，两被告人均提出上诉，二审法院经不开庭审理，均认为"本案在原审人民法院的审判过程中存在违反法律规定的诉讼程序的情形，可能影响公正审判"，故作出撤销原判、发回重审的裁定。重审的一审法院经核实认为，两起案件被发回重审的直接原因具有相似性，都是辩护律师在开庭前没有按照规定会见被告人。此外，在李某故意伤害案的辩护中，周某并未出庭，而是由其助理陈某代为出庭，且其庭后提交的辩护意见也不是当庭发表的辩护意见，而是由周某事先写好的书面辩护意见。根据上述情况，北京某中级人民法院向周某所在的律师事务所、法律援助中心提出司法建议

---

① 参见陈瑞华：《有效辩护问题的再思考》，载《当代法学》2017 年第 6 期。

书，建议其采取措施，加强管理。法律援助中心经调查核实认为，周某在案件宣判后，编造了会见笔录，隐瞒了未会见被告人的事实，并在办理李某案件时，以生病为由指派其助手陈某单独出庭。据此，法律援助中心责令周某退出该中心的志愿律师队伍，不再向其指派法律援助案件。

案件点评：

针对法律援助律师在开展法律援助工作中严重不尽职不尽责的行为，本案中的多个机关均作出了处理。如二审法院将其认定为"原审人民法院的审判过程中存在违反法律规定的诉讼程序的情形，可能影响公正审判"，进而作出撤销原判、发回重审的裁定，从诉讼程序上对辩护律师的行为给予了负面评价；法律援助中心则责令周某退出志愿律师队伍，不再向其指派法律援助案件。上述举措都是对于法律援助人员予以监督的方式。为了促进法律援助质量的提升，对于法律援助人员的监督必不可少。本案是从多角度对法律援助人员进行监督的一种探索。未来法院、法律援助中心、律师协会、律师事务所等单位都应当在对律师的监督过程中进一步发挥积极的作用。

第七条　【保密义务】法律援助机构、法律援助人员对提供法律援助过程中知悉的国家秘密、商业秘密和个人隐私应当予以保密。

☛ 条文主旨

本条是关于法律援助机构和法律援助人员应当履行保密义务的规定。

☛ 条文释义

保守职业秘密是律师职业伦理的重要内容。对此,我国已作出明确规定。如律师法第三十八条规定,律师应当保守在执业活动中知悉的国家秘密、商业秘密,不得泄露当事人的隐私。法律援助人员作为提供法律服务的主体,也应当遵守保守职业秘密的基本义务。本条依据法律援助法第二十一条,重申了法律援助机构与法律援助人员的保密义务。法律援助机构与法律援助人员如果违反这一义务,泄露法律援助过程中知悉的国家秘密、商业秘密和个人隐私,将根据法律援助法第六十一条、第六十三条的规定,受到相应的处罚。

一、保密义务设立的目的

保密义务被视为法律执业者最基本的义务。如日本司法伦理将其视为律师制度的基石;[①] 美国律师职业规范则将"保密"与"忠诚""称职"并列为律师对委托人的三

---

① 参见 [日] 森际康友:《司法伦理》,于晓琪、沈军译,商务印书馆 2010 年版,第 23 页。

大基本职责。① 德国、意大利、法国等国家则将保守职业秘密确立为法律义务，律师违反这一义务即可能构成犯罪。② 由此可见，保密义务对于包括律师在内的法律执业者而言都十分重要。

其一，法律援助保密义务是维系受援人与法律援助人员关系的基础。尽管法律援助人员为受援人提供的是法律援助服务，但是受援人对于法律援助人而言仍是委托人。对委托人履行保密义务，是法律执业者的"天职"。只有让法律执业者受到保密义务的约束和规范，委托人才会对其保持信任，维系良好的关系。况且，在司法实践中，受援人常为社会弱势群体，需要给予其更全面的保护。

其二，法律援助保密义务是维持法律援助机构与法律援助人员声誉的前提。法律援助机构与法律援助人员的使命在于维护受援人的合法权益。受援人不应当因寻求法律援助而使其自身权益受到额外的侵害，这应当是法律援助的最低要求。如果法律援助机构与法律援助人员随意泄露秘密或者个人隐私，不仅会使得相关人员的利益受到损害，还会严重影响法律援助机构与法律援助人员的声誉，甚至导致公民不愿、不敢向法律援助机构寻求援助，并导

---

① 参见［美］德博拉·L. 罗德、小杰弗瑞·C. 海泽德：《律师职业伦理与行业管理》，许身健等译，知识产权出版社 2015 年版，第 65 页。

② 参见王丽：《律师刑事责任比较研究》，法律出版社 2002 年版，第 243 页。

致法律援助制度难以发展。

二、保密义务的主体

一般认为，个人是保密义务的承担主体。但法律援助法和本规定明确指出，法律援助机构和法律援助人员都应当承担这一义务。这一规定对于相关主体权益的全面保护显然更为有利。

在法律援助工作中，法律援助机构最先接触申请法律援助的公民。通过受理、审查申请人的相关材料，法律援助机构了解公民的各种信息甚至隐私。法律援助机构对于公民个人情况的掌握程度并不亚于法律援助人员。因此，要求法律援助机构承担保密义务极为必要。当然，这里的法律援助机构具体是指在法律援助机构工作，接触、了解公民信息的人员。

法律援助人员在提供法律援助服务的过程中与受援人直接接触，对于受援人的各项信息一般掌握得较为全面，因而，法律援助人员无论提供何种法律援助服务，都应当承担保密义务。法律援助人员在履行这一义务时，可以参照适用有关律师保密义务的规定。

三、保密义务的客体

根据本条规定，保密义务的客体是国家秘密、商业秘密和个人隐私。

（一）国家秘密

根据保守国家秘密法第二条，"国家秘密是关系国家安全和利益，依照法定程序确定，在一定时间内只限一定范围的人员知悉的事项"。保守国家秘密法第九条规定了国家秘密的主要范围，包括：（1）国家事务重大决策中的秘密事项；（2）国防建设和武装力量活动中的秘密事项；（3）外交和外事活动中的秘密事项以及对外承担保密义务的秘密事项；（4）国民经济和社会发展中的秘密事项；（5）科学技术中的秘密事项；（6）维护国家安全活动和追查刑事犯罪中的秘密事项；（7）经国家保密行政管理部门确定的其他秘密事项。政党的秘密事项中符合上述规定的，属于国家秘密。除此之外，国家秘密在密级上分为绝密、机密、秘密三级。保守国家秘密法第三条规定，"一切国家机关、武装力量、政党、社会团体、企业事业单位和公民都有保守国家秘密的义务"，因此，法律援助机构与法律援助人员也应当对国家秘密承担保密的义务。

（二）商业秘密

根据反不正当竞争法第九条第四款，"本法所称的商业秘密，是指不为公众所知悉、具有商业价值并经权利人采取相应保密措施的技术信息、经营信息等商业信息"。由此可见，商业秘密的特征有三：一是秘密性，即不为公众所知悉。由于作为商业秘密的技术信息和经营信息，是在某地区、某阶段不可直接知悉。因此，商业秘密的"秘密性"是"相对的"，而不是"绝对的"。二是价值性，即具有商业价值，能给商业秘密权利人带来市场竞争优势，是商业秘密权利人要求商业秘密受法律保护的目的。三是保密性，即商业秘密权利人或合法持有人采取了与商业秘密信息相适应的合理的保密措施。

（三）个人隐私

一般认为，个人隐私是指公民个人生活中不愿为他人（一定范围以外的人）公开或知悉的秘密，且这一秘密与其他人及社会利益无关。根据民法典第一千零三十二条第二款，"隐私是自然人的私人生活安宁和不愿为他人知晓的私密空间、私密活动、私密信息"。由此可见，判断信息是否属于个人隐私的要素之一就在于，公民本人是否愿意为他人所知晓。公民的隐私受到法律保护。不仅法律援助机构和法律援助人员对提供法律援助过程中知悉的个人隐私应当予以保密，根据民法典第一千零三十九条，国家机关、承担行政职能的法定机构及其工作人员对于履行职责过程中知悉的自然人的隐私，也应当予以保密，不得泄露或者向他人非法提供。

四、保密义务的例外

本条规定了法律援助机构和法律援助人员的保密义务。在我国有关律师保密义务的完整规定中，还存在保密义务的例外。例如律师法第三十八条规定，律师对在执业活动中知悉的委托人和其他人不愿泄露的有关情况和信息，应当予以保密。但是，委托人或者其他人准备或者正在实施危害国家安全、公共安全以及严重危害他人人身安全的犯罪事实和信息除外。与此同时，刑事诉讼法第四十八条、《最高人民法院关于适用〈中华人民共和国刑事诉讼法〉的解释》① 第六十七条还规定，辩护律师在执业活动中知悉委托人或者其他人，准备或者正在实施危害国家安全、公共安全以及严重危害他人人身安全的犯罪的，应当及时告知司法机关。对于上述保密义务的例外，法律援助法和本规定并没有明确。法律援助人员在开展相关法律援助活动时，应根据情况遵守上述规定。

---

① 《最高人民法院关于适用〈中华人民共和国刑事诉讼法〉的解释》，载最高人民法院网站，https：//www.court.gov.cn/zixun-xiangqing-286491.html，最后访问时间：2023 年 6 月 27 日。

第二章　申请与受理

第八条　【信息公开】法律援助机构应当向社会公布办公地址、联系方式等信息，在接待场所和司法行政机关政府网站公示并及时更新法律援助条件、程序、申请材料目录和申请示范文本等。

◖▪ 条文主旨

本条是关于法律援助机构应当公开信息的规定。

◖▪ 条文释义

一、信息公开的目的

根据本规定第三条，办理法律援助案件应当遵循公开原则。公开原则意味着法律援助机构应当及时披露与法律援助工作相关的各项信息。本条有关法律援助机构应当公开信息的规定即是对公开原则的直接体现。

本条有关"信息公开"规定的目的在于，方便公民及时了解与法律援助相关的各项信息。除符合法定条件的受援人由人民法院、人民检察院、公安机关通知法律援助机构指派律师外，其他的公民要想获得法律援助，必须向法律援助机构申请并提交相关的材料。而法律援助的申请是一项专业性较强的活动。本规定第十一条明确了公民因经济困难申请法律援助应当如实提交的材料，但是司法实践中，有的公民可能并不清楚如何申请以及准备材料。本条确立的信息公开制度有助于公民及时、全面、准确地了解有关法律援助申请的各项信息，有助于消除信息壁垒，为公民及时申请并获得法律援助创造条件。从这个角度看，本条规定的信息公开制度也体现了"坚持以人民为中心"的基本原则。

二、信息公开的对象

相较于旧规定，本条在修订时明确了法律援助机构应当"向社会"公布信息，即信息公开的对象应当是"社会"，也就是范围不特定的社会大众。明确应当向社会公开信息的意义主要有两方面。一方面，保证不特定的社会大众有条件及时获取与法律援助相关的各项信息。另一方面，面对不特定的社会大众公开信息，也有助于社会公众及时对法律援助机构的相关工作进行监督，促进法律援助机构和法律援助人员依法受理、审查、指派以及承办法律援助案件，形成有效的外部监督力量。

三、信息公开的内容

根据本条，法律援助机构应当在接待场所和司法行政机关政府网站公示并及时更新法律援助条件、程序、申请材料目录和申请示范文本等。由此可见,法律援助机构公开信息的方式至少应当有二:一是在接待场所公示相关信息;二是在司法行政机关政府网站公示相关信息。在司法行政机关政府网站上公示信息只能通过电子化的方式;在接待场所,法律援助机构既可以准备纸质版的材料,方便公民查阅、携带,又可以通过电子屏幕的方式实时滚动相关信息。无论以何种方式公示,本条均明确指出,法律援助机构应当及时更新相关信息,确保公民可以第一时间掌握最新、最全面、最准确的资讯。

(一)法律援助条件

根据法律援助法第二条,法律援助是国家建立的为经济困难公民和符合法定条件的其他当事人无偿提供法律咨询、代理、刑事辩护等法律服务的制度。从条件来看,法律援助的适用对象主要有两部分:一是经济困难的公民;二是符合法定条件的其他当事人。对于何为"经济困难",法律援助法第三十四条明确规定,经济困难的标准,由省、自治区、直辖市人民政府根据本行政区域经济发展状况和法律援助工作需要确定,并实行动态调整。由此可见,经济困难的标准,因地而异,由地方人民政府根据本地实际情况予以动态调整。对于符合法定条件的其他当事人,则是指在满足法定的相关条件后,当事人申请法律援助就不受经济条件的限制。如法律援助法第三十二条规定，"有下列情形之一，当事人申请法律援助的，不受经济困难条件的限制：（一）英雄烈士近亲属为维护英雄烈士的人格权益；（二）因见义勇为行为主张相关民事权益；（三）再审改判无罪请求国家赔偿；（四）遭受虐待、遗弃或者家庭暴力的受害人主张相关权益；（五）法律、法规、规章规定的其他情形"。除此之外，对于通知辩护或者通知代理的刑事法律援助案件，也属于符合法定条件的其他当事人。

（二）法律援助程序

法律援助程序主要包括以下环节：申请与受理、审查、指派、承办。关于法律援助程序的相关信息公开，法律援助机构应当公开的内容包括：（1）法律援助程序各个环节的具体内容，如公民提出申请的方式、申请的主体；法律援助机构审查的内容等；（2）法律援助程序各个环节的时限，如法律援助审查的时间、法律援助机构指派律师的时间等。必要时，法律援助机构可以通过指示图、视频等方式展示法律援助的主要程序。

（三）申请材料目录

申请人的情况不同，其申请材料亦有所区别。根据本规定第十一条，公民因经济困难申请代理、刑事辩护法律援助，应当如实提交下列材料：（1）法律援助申请表；

（2）居民身份证或者其他有效身份证明，代为申请的还应当提交有代理权的证明；（3）经济困难状况说明表，如有能够说明经济状况的证件或者证明材料，可以一并提供；（4）与所申请法律援助事项有关的其他材料。公民申请法律援助，不受经济条件限制的，应当提交上述第（1）（2）（4）项材料。

（四）申请示范文本

相关的申请示范文本主要包括法律援助申请表、经济困难说明表以及与所申请法律援助事项有关的其他材料。法律援助机构公开申请示范文本有助于申请人较为准确地准备相关信息，提升申请的效率和质量。

第九条　【法律咨询、代拟法律文书、值班律师法律帮助及权利告知】法律援助机构组织法律援助人员，依照有关规定和服务规范要求提供法律咨询、代拟法律文书、值班律师法律帮助。法律援助人员在提供法律咨询、代拟法律文书、值班律师法律帮助过程中，对可能符合代理或者刑事辩护法律援助条件的，应当告知其可以依法提出申请。

☛ 条文主旨

本条是关于法律援助人员提供法律咨询、代拟法律文书、值班律师法律帮助及对公民进行权利告知的规定。

◖ 条文释义

一、法律咨询、代拟法律文书、值班律师法律帮助

关于法律援助服务的具体形式，法律援助法第二十二条规定，"法律援助机构可以组织法律援助人员依法提供下列形式的法律援助服务：（一）法律咨询；（二）代拟法律文书；（三）刑事辩护与代理；（四）民事案件、行政案件、国家赔偿案件的诉讼代理及非诉讼代理；（五）值班律师法律帮助；（六）劳动争议调解与仲裁代理；（七）法律、法规、规章规定的其他形式"。由上可知，法律援助服务主要包括六种形式。

本规定在第五章"承办"中就部分法律援助服务的开展作出了规定。如第二十九条、第三十三条就律师在承办刑事辩护法律援助案件中的相关义务作出了规定，第三十条就法律援助人员承办刑事代理、民事、行政等法律援助案件提出了具体的要求，第三十四条就法律援助人员对开庭审理和不开庭审理案件的处理方式予以了明确。由此可见，本规定在"承办"部分主要规定的是代理与刑事辩护案件的办理程序，对"法律咨询""代拟法律文书""值班律师法律帮助"的办理程序规定较少。这些法律援助服务形式与代理、刑事辩护的办理程序在范围、内容、涉及主

体上均差别较大，而我国相关规范性文件中对这些法律援
助服务形式的开展已经作出相关的规定。

（一）法律咨询

法律咨询是指法律援助人员对于公民提出的有关法律
事务问题作出解释、说明，提出意见、建议和解决方案的
活动。法律咨询是法律援助服务最基本的形式。相较于其
他的法律援助服务，法律咨询是距离群众最近的法律援助
服务。法律援助人员为群众提供法律咨询，不仅可以引导
群众合理表达诉求、指导群众依法维权，还可以宣传法律
知识和传播法治理念，对于有效解决与化解社会矛盾、维
护社会秩序具有十分重要的作用。目前我国各地法律援助
机构积极探索法律咨询服务的开展方式，根据法律援助法
第二十三条，法律援助机构应当通过服务窗口、电话、网
络等多种方式提供法律咨询服务。多样化的法律咨询服务
方式有助于实现法律咨询服务的全覆盖，全面、及时地满
足群众的法律咨询需求。法律援助人员在提供法律咨询
时，应当秉持负责任的态度，恪守"以事实为依据，以法
律为准绳"的原则，应当做到言之有据，不能妄下结论，
应当对自己所提供的法律意见承担责任。

（二）代拟法律文书

撰写法律文书是一项具有较强专业性的活动。实践
中，很多当事人因欠缺法律知识与技能，而难以完成法律

文书的起草与撰写。因而，代拟法律文书也是法律援助服务中的一种常见形式。法律文书的种类较多，包括但不限于：（1）民事诉讼类，如起诉状、反诉书、答辩状、代理词、刑事附带民事起诉书、上诉状、强制执行申请书、财产保全申请书、先予执行申请书等；（2）刑事诉讼类，如控告状、刑事自诉状、取保候审申请书、上诉书、再审申诉书；（3）行政诉讼类，如行政诉讼起诉书、行政诉讼答辩书、行政强制执行申请书、行政上诉书、行政再审申诉书。法律援助人员代拟法律文书有助于保障当事人的合法权益，并能为法律援助机构、办案机关后续工作的顺利开展奠定基础。法律援助人员在代拟法律文书时，应当认真听取当事人的意见与要求，根据当事人提供的证据，以当事人的名义，依法撰写、起草法律文书，不得夸大、曲解当事人的意思。

（三）值班律师法律帮助

值班律师是指法律援助机构在看守所、人民检察院、人民法院等场所设立的法律援助工作站，通过派驻或安排的方式，为没有辩护人的犯罪嫌疑人、被告人提供法律帮助的律师。2018 年刑事诉讼法正式将值班律师制度写入法律。根据刑事诉讼法第三十六条，值班律师可以为犯罪嫌疑人、被告人提供法律咨询、程序选择建议、申请变更强制措施、对案件处理提出意见等法律帮助。在当前律师资源极为有限的情况下，值班律师是实现"律师辩护全覆盖"的重要主体。2020 年 8 月，最高人民法院、最高人民检察院、公安部、国家安全部、司法部联合制定《法律援助值班律师工作办法》①，该办法对法律援助值班律师的工作职责、工作程序、工作保障作出了明确的规定。为了保障值班律师提供有效的法律帮助，该办法赋予了值班律师十分广泛的权利，如值班律师可以查阅案卷材料、了解案情；值班律师可以应犯罪嫌疑人、被告人的约见进行会见，也可以经办案机关允许主动会见；值班律师还可以向人民检察院提出意见等。在法律援助机构指派或者安排法律援助人员提供值班律师法律帮助的过程中，上述工作办法可以成为法律援助人员开展工作的操作指引。

二、法律援助人员对当事人的权利告知

本条第二款的规定旨在对当事人进行权利告知，充分保障当事人的知情权。当事人依法申请法律援助是其获得法律援助帮助的前提，而知情权则是当事人依法申请法律援助的前提。因此，如何充分地保障当事人的知情权，保障当事人及时地了解申请法律援助的机会、程序与方式，具有十分重要的意义。法律援助机构作为法律援助工作的

---

① 《法律援助值班律师工作办法》，载中国政府网，https://www.gov.cn/zhengce/zhengceku/2020-09/12/content_5542936.htm，最后访问时间：2023 年 7 月 12 日。

组织者，也负有保障当事人知情权的职责。对此，法律援助法第二十三条规定，法律援助机构应当提示当事人享有依法申请法律援助的权利，并告知申请法律援助的条件和程序。本规定第八条提出法律援助机构应当公示并及时更新法律援助条件、程序，其目的也是保障当事人的知情权。二者的区别在于，第八条针对的是不特定当事人的告知义务，即普遍性的告知义务；而本条针对的则是特定当事人的告知义务。

在法律援助人员提供法律咨询、代拟法律文书等过程中，赋予其向当事人进行权利告知的义务具有十分重要的作用。原因在于，此时法律援助人员通常已经了解当事人的基本情况，清楚当事人所需要的法律援助服务类型，对当事人是否符合代理或者刑事辩护法律援助条件也有基本的判断，在这种情况下，法律援助人员主动告知当事人依法申请法律援助，既便于当事人及时、高效地申请法律援助，也有助于后续法律援助工作的开展。因此，本条规定的对于具体当事人的权利告知义务对于保障当事人的知情权意义重大。

第十条　【法律援助管辖】 对诉讼事项的法律援助，由申请人向办案机关所在地的法律援助机构提出申请；对非诉讼事项的法律援助，由申请人向争议处理机关所在地或者事由发生地的法律援助机构提出申请。

申请人就同一事项向两个以上有管辖权的法律援助机构提出申请的，由最先收到申请的法律援助机构受理。

💬 条文主旨

本条是关于法律援助管辖的规定。

💬 条文释义

一、本条对旧规定的修改

法律援助的管辖是法律援助工作开展的基础，其规定的是当事人需要法律援助时，应当向哪一法律援助机构提出申请，以及应当由哪一法律援助机构安排或指派法律援助人员的问题。旧规定第八条根据法律援助案件的类型，将法律援助管辖分为两大类：一是对于民事、行政等诉讼案件，以义务机关、义务人所在地或者住所地为标准，确定法律援助机构。此类诉讼案件包括请求国家赔偿，请求给予社会保险待遇或者最低生活保障待遇，请求发给抚恤金、救济金，请求给予赡养费、抚养费、扶养费等。二是对于刑事诉讼案件，由办理案件的人民法院、人民检察院、公安机关所在地的法律援助机构受理。与此同时，旧规定第八条规定，申请人就同一事项向两个以上法律援助机构提出申请的，由最先收到申请的法律援助机构受理。在上述规定的基础上，法律援助法调整了法律援助机构的管辖，本规定根据法律援助法第三十八条，对旧规定作出如下修改：

其一，修改法律援助机构管辖划分的标准。旧规定是以诉讼案件的性质作为划分的标准，而本条则是以诉讼事项与非诉讼事项作为划分的标准。对诉讼事项，由申请人向办案机关所在地的法律援助机构提出申请；对非诉讼事项，由申请人向争议处理机关所在地或者事由发生地的法律援助机构提出申请。由此可见，无论是诉讼事项，还是非诉讼事项，统一由办案机关或者争议处理机关所在地的法律援助机构处理。这一规定有多方面的考虑。一是便于法律援助申请人及时确定具体的法律援助机构。旧规定中对于民事、行政案件，以义务机关、义务人所在地或者住所地为标准，确定法律援助机构。但是当义务机关、义务人有多个，且其所在地或者住所地处在不同地方时，据此确定的法律援助机构也会有多个，多个法律援助机构均具有管辖权，就会出现应当选择哪个法律援助机构的问题。而新规定明确由办案机关或者争议处理机关所在地或者事由发生地的法律援助机构受理，就便于申请人及时确定具体的法律援助机构，不会出现法律援助机构的选择难题。

二是便于法律援助机构就近提供法律援助。确定由办案机关或者争议处理机关所在地的法律援助机构提供法律援助，便于法律援助机构就近开展法律援助工作，也便于其与办案机关或者争议处理机关及时沟通，迅速解决相关问题。明确法律援助机构就近提供法律援助，不仅有助于提高法律援助的质量，还可以提升法律援助的效率。

其二，修改管辖争议的处理规则。旧规定的内容是"申请人就同一事项向两个以上法律援助机构提出申请的，由最先收到申请的法律援助机构受理"。这一规定在实践运行中可能存在的问题是，最先收到申请的法律援助机构本身可能并没有管辖权，即使其最先收到申请，也无法受理，需要将申请移送至有管辖权的法律援助机构。因此，本条对旧规定进行了修改，明确申请人"就同一事项向两个以上有管辖权的法律援助机构提出申请的，由最先收到申请的法律援助机构受理"。这一规定消除了上述规定可能产生的问题，明确了由最先收到申请的法律援助机构受理的前提是两个以上的法律援助机构都具有管辖权。

二、诉讼事项法律援助的申请

诉讼是当事人解决纠纷的一种方式，即是依照法定程序，诉诸专门机关予以处理的行为。根据本条，对诉讼事项的法律援助，由申请人向办案机关所在地的法律援助机构提出申请。从类型来看，诉讼可以划分为民事诉讼、行政诉讼与刑事诉讼。这三种诉讼在"办案机关所在地"的判定上存在一定的区别。在民事诉讼和行政诉讼中,办案机关所在地即为审理案件的人民法院所在地。而在刑事诉讼中,办案机关包括侦查机关、检察机关和审判机关,在不同的诉讼阶段申请法律援助,应当向该阶段办案机关所在地的法律援助机构进行申请。

民事诉讼的级别管辖,根据民事诉讼法第十八条,基层人民法院管辖第一审民事案件,但法律另有规定的除外;在地域管辖方面,根据民事诉讼法第二十二条,对公民提起的民事诉讼,由被告住所地人民法院管辖;被告住所地与经常居住地不一致的,由经常居住地人民法院管辖。对法人或者其他组织提起的民事诉讼,由被告住所地人民法院管辖。除此之外,在特定的诉讼中,管辖规则也可能发生变化。如民事诉讼法第二十四条规定,因合同纠纷提起的诉讼,由被告住所地或者合同履行地人民法院管辖。第二十五条规定,因保险合同纠纷提起的诉讼,由被告住所地或者保险标的物所在地人民法院管辖。第二十六条、第二十七条、第二十九条都有类似的规定。

行政诉讼的级别管辖,根据行政诉讼法第十四条,基层人民法院管辖第一审行政案件。在地域管辖方面,根据行政诉讼法第十八条,行政案件由最初作出行政行为的行政机关所在地人民法院管辖。经复议的案件,也可以由复议机关所在地人民法院管辖。此外，在特定的诉讼中，也存在特定的管辖规则，例如第十九条规定，对限制人身自由的行政强制措施不服提起的诉讼，由被告所在地或者原告所在地人民法院管辖。第二十条规定，因不动产提起的行政诉讼，由不动产所在地人民法院管辖。

刑事诉讼中管辖规则更为复杂，主要包括立案管辖和审判管辖。在立案管辖方面，根据刑事诉讼法第十九条第一款，刑事案件的侦查由公安机关进行，法律另有规定的除外。在侦查阶段，一般是由公安机关所在地的法律援助机构予以管辖。在审判管辖方面，根据刑事诉讼法第二十条，基层人民法院管辖第一审普通刑事案件，但是依照本法由上级人民法院管辖的除外；根据刑事诉讼法第二十五条，刑事案件由犯罪地的人民法院管辖。如果由被告人居住地的人民法院审判更为适宜的，可以由被告人居住地的人民法院管辖。

三、非诉讼事项法律援助的申请

非诉讼事项是指无需或者不用诉讼程序加以解决的法律事务。对于非诉讼事项的法律援助，由申请人向争议处理机关所在地或者事由发生地的法律援助机构提出申请。实践中非诉讼事项主要包括以下两种情况：

一是通过第三方处理争议。最典型的是有关劳动争议的处理。根据劳动法第七十九条，劳动争议发生后，当事人可以向本单位劳动争议调解委员会申请调解；调解不成，当事人一方要求仲裁的，可以向劳动争议仲裁委员会申请仲裁。当事人一方也可以直接向劳动争议仲裁委员会申请仲裁。对仲裁裁决不服的，可以向人民法院提起诉讼。根据这一规定，发生劳动争议后，当事人向劳动争议仲裁委员会申请仲裁，若申请法律援助，应当向仲裁委员会所在地或者劳动争议发生地的法律援助机构提出。

二是通过行政途径处理争议。例如，有关当事人申请国家赔偿。关于行政赔偿，根据国家赔偿法第九条，赔偿请求人要求赔偿，应当先向赔偿义务机关提出，也可以在申请行政复议或者提起行政诉讼时一并提出。关于刑事赔偿，根据国家赔偿法第二十二条，赔偿请求人要求赔偿，应当先向赔偿义务机关提出；根据该法第二十四条，赔偿请求人对赔偿决定有异议的，可以向赔偿义务机关的上一级机关申请复议。在这一争议处理的过程中，当事人可以向赔偿义务机关、行政复议机关所在地或者当事人人身或财产受损害的发生地的法律援助机构提出申请。

四、法律援助管辖争议的处理

本条有关法律援助管辖争议处理的规定遵循了我国处理管辖争议的一般惯例。在民事诉讼和行政诉讼中，原告向两个以上有管辖权的人民法院提起诉讼的，由最先立案的人民法院管辖。这在民事诉讼法第三十六条和行政诉讼法第二十一条中都有明确的规定。而在刑事诉讼中，法律援助管辖争议的处理原则有所区别。根据刑事诉讼法第二十六条，几个同级人民法院都有权管辖的案件，由最初受理的人民法院审判。在必要的时候，可以移送主要犯罪地的人民法院审判。在法律援助的申请中，申请人就同一事项向两个以上有管辖权的法律援助机构提出申请的，则由最先收到申请的法律援助机构受理。原因是法律援助机构在收到申请后可能已对当事人提交的材料开展了审查，在该法律援助机构具有管辖权的情况下明确由其受理，可以避免其他法律援助机构再次审查开展重复工作，进而提高法律援助审查的工作效率、节约办案成本。

第十一条　【法律援助申请材料】 因经济困难申请代理、刑事辩护法律援助的，申请人应当如实提交下列材料：

（一）法律援助申请表；

（二）居民身份证或者其他有效身份证明，代为申请的还应当提交有代理权的证明；

（三）经济困难状况说明表，如有能够说明经济状况的证件或者证明材料，可以一并提供；

（四）与所申请法律援助事项有关的其他材料。

填写法律援助申请表、经济困难状况说明表确有困难的，由法律援助机构工作人员或者转交申请的机关、单位工作人员代为填写，申请人确认无误后签名或者按指印。

符合《中华人民共和国法律援助法》第三十二条规定情形的当事人申请代理、刑事辩护法律援助的，应当提交第一款第一项、第二项、第四项规定的材料。

● 条文主旨

本条是关于法律援助申请提交有关材料的规定。

● 条文释义

根据法律援助法第二条，法律援助是国家建立的为经济困难公民和符合法定条件的其他当事人无偿提供法律服务的制度。本条根据申请人申请法律援助的具体条件，规定了提交材料的两种情况。

一、因经济困难申请法律援助

"经济困难"是申请法律援助的主要条件之一。根据本条规定，申请人基于经济困难申请法律援助应当提交如下材料：一是法律援助申请表，二是身份证明材料，三是经济困难状况说明表，四是其他材料。与旧规定第九条相比，本条作出了如下修改。

其一，将"法律援助申请人经济状况证明表"修改为"经济困难状况说明表"。针对实践中法律援助申请人如何提交符合规定的经济困难证明的问题，法律援助法第四十一条第一款规定，"因经济困难申请法律援助的，申请人应当如实说明经济困难状况"。由此可见，申请人无需证明自己的经济困难状况，只需如实提出相关材料说明自己的经济状况即可。对于申请人提交的能够说明经济状况的证件或者证明材料，由法律援助机构负责审查。如法律援助法第四十一条第二款、本规定第十五条第二款规定，法律援助机构核查申请人的经济困难状况，可以通过信息共享查询，或者由申请人进行个人诚信承诺。法律援助机构开展核查工作，可以依法向有关部门、单位、村民委员会、居民委员会或者个人核实有关情况。相较于申请人自己证明自身的经济状况，法律援助机构依职权进行审查显然更为便捷、高效。这一修改将有效解决实践中申请人提交材料难、证明经济状况难的问题，充分地体现了法律援助工作"以人民为中心"。

其二，新增有关人员代为填写经济困难状况说明表的规定。旧规定第九条第一款第一项规定，填写申请表确有困难的，由法律援助机构工作人员或者转交申请的机关、单位工作人员代为填写。根据本条第二款，除了法律援助申请表，填写经济困难状况说明表确有困难的，亦可由法律援助机构工作人员或者转交申请的机关、单位工作人员代为填写。这一修改有助于困难群体申请法律援助，充分体现了法律援助工作的便民原则。

其三，删除了法律援助申请人经济状况相关材料应当由有关机关、单位加盖公章的规定。旧规定第九条第二款还要求，法律援助申请人经济状况证明表应当由法律援助地方性法规、规章规定的有权出具经济困难证明的机关、单位加盖公章。无相关规定的，由申请人住所地或者经常居住地的村民委员会、居民委员会或者所在单位加盖公章。实践中由于法律规定模糊等原因，法律援助申请人难以找到有关机关、单位加盖公章，这也给法律援助申请带来一定的困难，不利于法律援助的申请。本条删除了相关材料应当由有关机关、单位加盖公章的规定，有助于解决实际问题，进一步促进法律援助申请的便捷与高效。

二、其他情形的当事人申请法律援助

本条第三款规定的"符合《中华人民共和国法律援助法》第三十二条规定情形的当事人"，主要是指不受经济困难条件限制的当事人，主要包括："（一）英雄烈士近亲属为维护英雄烈士的人格权益；（二）因见义勇为行为主张相关民事权益；（三）再审改判无罪请求国家赔偿；（四）遭受虐待、遗弃或者家庭暴力的受害人主张相关权益；（五）法律、法规、规章规定的其他情形"。前四项规定体现了对于社会特定人群的利益保护，其申请法律援助不受经济困难的限制。第五项的"法律、法规、规章规定的其他情形"是兜底条款，将其他法律、法规、规章规定的情形纳入其中。"不受经济困难条件限制的当事人"申请法律援助时，仅需提交法律援助申请表、身份证明材料、其他材料，无需提交经济困难状况说明表。

第十二条 【转交法律援助申请】 被羁押的犯罪嫌疑人、被告人、服刑人员以及强制隔离戒毒人员等提出法律援助申请的，可以通过办案机关或者监管场所转交申请。办案机关、监管场所应当在二十四小时内将申请材料转交法律援助机构。

犯罪嫌疑人、被告人通过值班律师提出代理、刑事辩护等法律援助申请的，值班律师应当在二十四小时内将申请材料转交法律援助机构。

☛ 条文主旨

本条是关于转交法律援助申请的规定。

☛ 条文释义

申请获得法律援助是公民的权利之一，被羁押的犯罪嫌疑人、被告人、服刑人员以及强制隔离戒毒人员也不例外。但是这些人员处于人身自由受到限制的状态，由他们自己申请法律援助可能存在一定的障碍。对此，法律援助法第二十四条规定，刑事案件的犯罪嫌疑人、被告人因经济困难或者其他原因没有委托辩护人的，本人及其近亲属可以向法律援助机构申请法律援助。尽管近亲属可以代为向法律援助机构申请，但是当事人本人的申请仍然十分重要。换言之，要保障当事人本人具有亲自申请法律援助的条件。对此，中共中央办公厅、国务院办公厅印发的《关于完善法律援助制度的意见》中也明确提到，"完善被羁押犯罪嫌疑人、被告人经济困难证明制度，建立健全办案机关通知辩护工作机制，确保告知、转交申请、通知辩护（代理）等工作协调顺畅，切实履行侦查、审查起诉和审判阶段法律援助工作职责"。相较于旧规定，本条在两方面作出了修改：一是明确办案机关或者监管场所应当在二十四小时内转交申请，为其转交提出了具体的时间限制；二是将值班律师纳入转交申请的主体，且其转交申请的时间也应在二十四小时内。

一、转交法律援助申请的时限

在《办理法律援助案件程序规定》中确定办案机关、监管场所以及值班律师转交法律援助申请的时限，对于保障当事人及时表达申请诉求，维护当事人的合法权益具有重要的意义。明确有关单位和人员应当在二十四小时内将申请材料转交，在多部规范性文本中均有体现。例如，《法律援助条例》第十五条规定，"被羁押的犯罪嫌疑人的申请由看守所在 24 小时内转交法律援助机构"；《人民检察院刑事诉讼规则》第四十三条规定，"人民检察院收到在押或者被指定居所监视居住的犯罪嫌疑人提出的法律援助申请，应当在二十四小时以内将申请材料转交法律援助机构，并通知犯罪嫌疑人的监护人、近亲属或者其委托的其他人员协助提供有关证件、证明等材料"。① 《公安机关办理刑事案件程序规定》第四十七条第一款规定，"公安机关收到在押的犯罪嫌疑人提出的法律援助申请后，应当在二十四小时以内将其申请转交所在地的法律援助机构，并在三日以内通知申请人的法定代理人、近亲属或者其委托的其他人员协助提供有关证件、证明等相关材料。犯罪嫌疑人的法定代理人、近亲属或者其委托的其他人员地址不详无法通知的，应当在转交申请时一并告知法律援助机构"。② 本条在上述规定的基础之上，明确办案机关、监管场所以及值班律师应当统一在二十四小时内转交法律援助机构，将对上述主体发挥统一的规范与约束作用。

---

① 《人民检察院刑事诉讼规则》，载最高人民检察院网站，https：//www. spp. gov. cn/spp/xwfbh/wsfbh/201912/t20191230_ 451490. shtml # 1，最后访问时间：2023 年 7 月 12 日。

② 《公安机关办理刑事案件程序规定》，载中国政府网，https：//www. gov. cn/zhengce/2021-12/25/content_5712867. htm，最后访问时间：2023 年 7 月 12 日。

二、转交法律援助申请的保障

本条规定有关单位和人员转交法律援助申请时限的目的在于保障当事人及时地申请以及获得法律援助。但是关于此规定，目前还存在一定的问题，有待探讨。例如，根据本规定第九条，法律援助人员、值班律师在提供法律援助的过程中应当告知当事人可以依法提出法律援助的申请；根据法律援助法第三十五条，人民法院、人民检察院、公安机关和有关部门在办理案件或者相关事务中，应当及时告知有关当事人有权依法申请法律援助。但是上述单位和人员应当在多长的时间内告知，目前尚缺乏相关规定。又如，本条规定办案机关、监管场所以及值班律师应当在二十四小时内将申请材料转交至法律援助机构，上述主体如果未转交或者未及时转交应当承担何种不利后果，目前仍未明确。基于此，为了给当事人申请法律援助提供更全面的保障，笔者认为，还可以从以下两方面作出进一步完善。

一是明确办案机关、监管场所对于被羁押的犯罪嫌疑人、被告人、服刑人员以及强制隔离戒毒人员有全面告知的义务，即告知当事人有申请法律援助的权利以及告知申请法律援助的条件、程序与材料等。为了确保办案机关、监管场所切实履行这一义务，可以要求办案机关、监管场所向被羁押的犯罪嫌疑人、被告人、服刑人员以及强制隔离戒毒人员出具权利告知书，并由其签字确认。

二是明确办案机关、监管场所以及值班律师违反转交法律援助申请材料时限规定的相关后果，并为申请人设置一定的救济方式，以此督促办案机关、监管场所以及值班律师及时履行义务，充分维护当事人的合法权益。例如，办案机关、监管场所以及值班律师违反规定的，申请人可以向检察机关予以控告；法律援助机构应当优先受理并审查此类申请人提出的法律援助申请。

第十三条　【受理法律援助申请】法律援助机构对申请人提出的法律援助申请，应当根据下列情况分别作出处理：

（一）申请人提交的申请材料符合规定的，应当予以受理，并向申请人出具收到申请材料的书面凭证，载明收到申请材料的名称、数量、日期等；

（二）申请人提交的申请材料不齐全，应当一次性告知申请人需要补充的全部内容，或者要求申请人作出必要的说明。申请人未按要求补充材料或者作出说明的，视为撤回申请；

（三）申请事项不属于本法律援助机构受理范围的，应当告知申请人向有管辖权的法律援助机构申请或者向有关部门申请处理。

🔴 **条文主旨**

本条是关于法律援助机构受理法律援助申请的规定。

🔴 **条文释义**

一、法律援助申请的受理

根据法律援助法第十二条，法律援助机构负责组织实施法律援助工作，受理、审查法律援助申请。由此可知，对于法律援助申请，法律援助机构应当先受理，后审查。旧规定第十二条和第十三条将受理和审查一并规定，在一定程度上将两者混淆，不利于实践中的具体操作。修订后的《办理法律援助案件程序规定》在对旧规定进行整合的基础上，将受理与审查进行了明确的区分，如在第十三条规定了法律援助机构受理法律援助申请后的处理，第十四条、第十七条则规定了法律援助机构对法律援助申请的审查以及审查后决定的作出。

受理与审查的关系是：其一，在顺序上，受理是法律援助机构接收申请材料的第一步，审查应当在受理的基础之上展开，只有被法律援助结构受理的申请材料才会进入审查的环节。其二，在内容上，受理是对申请材料的初步审核，主要是对提交材料的形式上的审查，如材料的名称和数量是否满足本规定第十一条的规定；而审查则是对申请材料的实质审核，审核的重点在于申请人是否满足法律援助的申请条件，是否应当作出给予法律援助的决定。其三，在时间上，受理是法律援助机构的工作人员在接收材料的当时就展开的，因此受理是即时行为，与接收材料一并进行；而审查则是法律援助机构对申请人是否满足法律援助的条件所开展的核查，必要时还需通过多种方式对申请人的经济困难情况进行核查，如通过信息共享查询、由申请人进行个人诚信承诺以及依法向有关部门、单位、村民委员会、居民委员会或者个人核实有关情况等，因此本规定第十七条第一款规定，法律援助机构应当自收到法律援助申请之日起七日内进行审查，作出是否给予法律援助的决定。

二、法律援助申请处理的三种方式

法律援助机构收到申请材料后，根据具体情况，有以下三种处理方式。

（一）予以受理

第一种处理方式是"予以受理"。申请人提交的申请材料符合规定的，法律援助机构应当予以受理，并向申请人出具收到申请材料的书面凭证，载明收到申请材料的名称、数量、日期等。这一处理方式在旧规定第十二条已有体现。法律援助机构予以受理的条件主要包括：一是申请事项属于法律援助范围；二是符合法律援助管辖的基本规定；三是提交的申请材料符合本规定第十一条规定的相关内容。

（二）告知补充材料或作出必要说明

第二种处理方式是告知补充材料或作出必要说明。本条依照法律援助法第四十三条第一款，明确规定申请人提交的申请材料不齐全的，法律援助机构应当一次性告知申请人需要补充的材料或者要求申请人作出说明。申请人未按要求补充材料或者作出说明的，视为撤回申请。相较于旧规定第十三条第二款，本条在两方面作出修改。一是对于提交的申请材料不齐全的，明确法律援助机构应当一次性告知申请人需要补充的材料或者要求申请人作出说明。要求法律援助机构一次性告知，体现了法律援助工作中的便民原则，有助于提高工作效率和质量，为法律援助申请者提供便捷高效的服务。二是申请人未按要求补充材料或者作出说明的，将"视为撤销申请"改为"视为撤回申请"。"撤销"与"撤回"存在较大的区别。"撤销申请"意味着使申请不发生效力，"撤回申请"则意味着收回本次申请，不排除下次再申请的可能性。在申请人提交的申请材料不齐全的情况下，撤回申请显然更为合适。在征集意见时，有观点认为，申请人提交的申请材料不齐全的，应当为申请人补充材料设置相应的时间，即要求申请人在规定的时间内补充相关的材料。本条在修订时没有采纳这一观点。理由是，申请法律援助属于当事人的权利，申请人是否补充材料以及何时补充材料，应当由申请人自己决定。无论申请人何时补充材料，只要符合法律援助法的规定，法律援助机构即可受理。而如果申请人未补充材料，即视为撤回申请，因此法条无需设置相关的时限。但是当法律援助机构先行提供法律援助时，情况则有所不同。依据法律援助法第四十四条第二款，先行提供法律援助的，受援人应当在法律援助机构要求的时限内，补办有关手续，补充有关材料。申请人补办以及补充的时间，由法律援助机构根据提交材料的难度而确定。之所以在先行提供法律援助的情形下要求申请人限时补充材料，是因为此时法律援助已经先行提供，申请人应当尽快补充材料。

（三）告知向有管辖权的法律援助机构申请或者向有关部门申请处理

"申请事项不属于本法律援助机构受理范围的，告知申请人向有管辖权的法律援助机构申请或者向有关部门申请处理"是本条新增加的规定。这里包括两种情况。

一是申请事项属于法律援助机构受理的范围，但是本法律援助机构没有管辖权，则应当告知申请人向有管辖权的法院申请。本规定第十条明确了法律援助管辖的基本规则，即"对诉讼事项的法律援助，由申请人向办案机关所在地的法律援助机构提出申请；对非诉讼事项的法律援助，由申请人向争议处理机关所在地或者事由发生地的法律援助机构提出申请"。如果申请人的申请事项不符合这一管辖规定，那么法律援助机构应当根据申请事项，告知申请人向有管辖权的法律援助机构申请。

　　二是申请事项不属于法律援助机构受理的范围，则应当告知申请人向有关部门申请处理。法律援助法第二十二条规定了法律援助机构受理的范围，即"法律援助机构可以组织法律援助人员依法提供下列形式的法律援助服务：（一）法律咨询；（二）代拟法律文书；（三）刑事辩护与代理；（四）民事案件、行政案件、国家赔偿案件的诉讼代理及非诉讼代理；（五）值班律师法律帮助；（六）劳动争议调解与仲裁代理；（七）法律、法规、规章规定的其他形式"。申请人的申请事项超出这一范围的，法律援助机构应当根据申请材料，初步判断有管辖权的部门，告知申请人向有关部门申请处理。

第三章 审 查

第十四条 【法律援助申请的审查】 法律援助机构应当对法律援助申请进行审查，确定是否具备下列条件：

（一）申请人系公民或者符合法定条件的其他当事人；

（二）申请事项属于法律援助范围；

（三）符合经济困难标准或者其他法定条件。

◖■ 条文主旨

本条是关于法律援助机构审查法律援助申请条件的规定。

◖■ 条文释义

基于法律援助法第四十三条的规定，法律援助机构应当自收到法律援助申请之日起七日内进行审查，但未对审查内容和标准作出明确规定。在实践中，各地法律援助机构审查法律援助申请普遍依据自然人、事项范围和经济困难状况这三项标准，本规定吸纳成熟的实践经验，对审查内容予以明确，相较于旧规定属于新增内容。法律援助机构审查法律援助的申请，主要从申请主体、申请事项以及条件设置三个层面进行。其中第一项是针对申请主体的要求，即是中华人民共和国公民或者是符合法定条件的其他当事人；第二项是针对申请事项的要求，即在法律援助的范围内；第三项是针对条件的设置要求，即符合经济困难的标准或者其他的法定条件。

一、申请人系公民或者符合法定条件的其他当事人

根据法律援助法第二条的规定，法律援助的对象是经济困难的公民和符合法定条件的其他当事人，申请法律援助的主体应当符合这两种身份要求的其中一种。

二、申请事项属于法律援助范围

根据法律援助法第二十二条的规定，法律援助机构提供的法律援助服务包含以下情形：

（一）法律咨询

法律咨询是法律援助人员对当事人提出的有关法律事务问题提供的解释、说明，提出建议和解决方案等服务。

（二）代拟法律文书

代拟法律文书是当事人对起草、撰写申请书、起诉书、答辩状、申诉状等法律文书有困难时，法律援助人员为其提供的代为起草、撰写法律文书的服务。

（三）刑事辩护与代理

刑事诉讼涉及对刑事犯罪的评价，也涉及对被追诉人的自由甚至生命的处分，保障人权的理念更加强调法律援助在刑事案件中的运用。刑事辩护与代理是法律援助机构接到司法机关通知或当事人及相关人员的申请，指派律师等法律援助人员提供的辩护或代理服务。

（四）民事案件、行政案件、国家赔偿案件的诉讼代理及非诉讼代理

中共中央办公厅、国务院办公厅印发的《关于完善法律援助制度的意见》明确要求扩大民事、行政法律援助覆盖面。在原有经济困难公民请求国家赔偿，给予社会保险待遇或者最低生活保障待遇，发给抚恤金、救济金，给付赡养费、抚养费、扶养费，支付劳动报酬等法律援助范围的基础上，逐步将涉及劳动保障、婚姻家庭、食品药品、教育医疗等与民生紧密相关的事项纳入法律援助补充事项范围，帮助困难群众运用法律手段解决基本生产生活方面的问题。探索建立法律援助参与申诉案件代理制度，逐步将不服司法机关生效民事和行政裁判、决定，聘不起律师的申诉人纳入法律援助范围。①

---

① 《关于完善法律援助制度的意见》，载中国政府网，https：//www.gov.cn/gongbao/content/2015/content_2897153.htm，最后访问时间：2023 年 7 月 1 日。

（五）值班律师法律帮助

值班律师法律帮助是法律援助机构在看守所、人民检察院、人民法院等场所设立法律援助工作站，通过派驻或者安排律师的方式，为犯罪嫌疑人、被告人提供法律帮助的服务。2018 年刑事诉讼法修改在总结实践经验的基础上，将值班律师制度正式纳入刑事诉讼制度。根据《法律援助值班律师工作办法》第六条第一款、第二款的规定，值班律师依法提供以下法律帮助：（1）提供法律咨询；（2）提供程序选择建议；（3）帮助犯罪嫌疑人、被告人申请变更强制措施；（4）对案件处理提出意见；（5）帮助犯罪嫌疑人、被告人及其近亲属申请法律援助；（6）法律法规规定的其他事项。值班律师在认罪认罚案件中，还应当提供以下法律帮助：（1）向犯罪嫌疑人、被告人释明认罪认罚的性质和法律规定；（2）对人民检察院指控罪名、量刑建议、诉讼程序适用等事项提出意见；（3）犯罪嫌疑人签署认罪认罚具结书时在场。

（六）劳动争议调解与仲裁代理

劳动争议调解与仲裁代理是法律援助机构应劳动者申请，指派或安排法律援助人员为与用人单位发生劳动争议的劳动者，提供的调解代理或者仲裁代理服务。2020 年人力资源社会保障部、司法部、财政部出台的《关于进一步加强劳动人事争议调解仲裁法律援助工作的意见》也指出，要扩大调解仲裁法律援助范围，在法律援助对象上，司法行政机关要综合考虑当地法律援助资源供给状况、困难群众法律援助需求等因素，推动法律援助逐步覆盖低收入劳动者，重点做好农民工、工伤职工和孕期、产期、哺乳期女职工的调解仲裁法律援助工作。在法律援助事项上，司法行政机关要在原有请求支付劳动报酬、给予社会保险待遇等事项基础上，推动有条件的地方将经济补偿、赔偿金等涉及劳动保障事项纳入法律援助补充事项范围。①

（七）法律、法规、规章规定的其他形式

这是一项兜底条款，即除了上述六项之外，还有需要法律援助的必须符合其他法律、法规、规章规定。法律援助机构在审查法律援助申请事项时，应当在前述范围之内。法律援助的服务范围基本能够涵盖司法活动中的需要，对服务范围作出明确：一方面是明晰法律援助机构的职责，防止法律援助机构推卸责任；另一方面是为申请人提供指引，避免其对法律援助服务提出过分的要求。

三、符合经济困难标准或者其他法定条件

（一）符合经济困难标准

在刑事案件中，根据法律援助法第二十四条的规定，

---

① 《关于进一步加强劳动人事争议调解仲裁法律援助工作的意见》，载司法部网站，http://www.moj.gov.cn/pub/sfbgw/jgsz/jgszzsdw/zsdwflyzzx/flyzzxzcxx/zcxxzcfg/zcfggfxwj/202007/t20200710_188779.html，最后访问时间：2023年7月1日。

犯罪嫌疑人、被告人因经济困难或者其他原因没有委托辩护人的，本人及其近亲属可以向法律援助机构申请法律援助。该法第二十九条规定，公诉案件的被害人及其法定代理人或者近亲属，刑事自诉案件的自诉人及其法定代理人，刑事附带民事诉讼案件的原告人及其法定代理人，因经济困难没有委托诉讼代理人的，可以向法律援助机构申请法律援助。

在其他案件中，根据法律援助法第三十一条的规定，当事人因经济困难没有委托代理人，可以申请法律援助的情形包含：（1）依法请求国家赔偿；（2）请求给予社会保险待遇或者社会救助；（3）请求发给抚恤金；（4）请求给付赡养费、抚养费、扶养费；（5）请求确认劳动关系或者支付劳动报酬；（6）请求认定公民无民事行为能力或者限制民事行为能力；（7）请求工伤事故、交通事故、食品药品安全事故、医疗事故人身损害赔偿；（8）请求环境污染、生态破坏损害赔偿；（9）法律、法规、规章规定的其他情形。该法第三十三规定，当事人不服司法机关生效裁判或者决定提出申诉或者申请再审，人民法院决定、裁定再审或者人民检察院提出抗诉，因经济困难没有委托辩护人或者诉讼代理人的，本人及其近亲属可以向法律援助机构申请法律援助。

（二）符合其他法定条件

在经济困难之外，也有其他情形可以申请法律援助，由法律明确规定。

在刑事诉讼中存在部分情形：根据法律援助法第二十五条第一款的规定，刑事案件的犯罪嫌疑人、被告人符合以下情形，人民法院、人民检察院、公安机关应当通知法律援助机构指派律师担任辩护人：（1）未成年人；（2）视力、听力、言语残疾人；（3）不能完全辨认自己行为的成年人；（4）可能被判处无期徒刑、死刑的人；（5）申请法律援助的死刑复核案件被告人；（6）缺席审判案件的被告人；（7）法律法规规定的其他人员。其中，第（4）项、第（5）项参照了法律援助法第二十六条的规定，即"对可能被判处无期徒刑、死刑的人，以及死刑复核案件的被告人，法律援助机构收到人民法院、人民检察院、公安机关通知后，应当指派具有三年以上相关执业经历的律师担任辩护人"。此外，根据法律援助法第二十八条的规定，强制医疗案件的被申请人或者被告人没有委托诉讼代理人的，人民法院应当通知法律援助机构指派律师为其提供法律援助。根据刑事诉讼法第二百九十三条的规定，人民法院缺席审判案件，被告人有权委托辩护人，被告人的近亲属可以代为委托辩护人。被告人及其近亲属没有委托辩护人的，人民法院应当通知法律援助机构指派律师为其提供辩护。第（7）项参照的规定主要包括：根据《最高人民法院、司法部关于开展刑事案件律师辩护全覆盖试点工作的办法》第二条第三款、第四款的规定，其他适用普通程序审理的一审案件、二审案件、按照审判监督程序审理的案件，被告人没有委托辩护人的，人民法院应当通知法律援助机构指派律师为其提供辩护。适用简易程序、速裁程序审理的案件，被告人没有辩护人的，人民法院应当通知法律援助机构派驻的值班律师为其提供法律帮助。① 根据《最高人民法院、最高人民检察院、公安部、司法部关于进一步深化刑事案件律师辩护全覆盖试点工作的意见》第七条的规定，犯罪嫌疑人没有委托辩护人，且具有可能判处三年以上有期徒刑、本人或其共同犯罪嫌疑人拒不认罪、案情重大复杂、可能造成重大社会影响情形之一的，人民检察院应当通知法律援助机构指派律师为其提供辩护。②

在其他案件中也存在不受经济困难条件限制的情形，根据法律援助法第三十二条的规定包含：（1）英雄烈士近亲属为维护英雄烈士的人格权益；（2）因见义勇为行为主张相关民事权益；（3）再审改判无罪请求国家赔偿；（4）遭受虐待、遗弃或者家庭暴力的受害人主张相关权益；（5）法律、法规、规章规定的其他情形。

---

① 《关于开展刑事案件律师辩护全覆盖试点工作的办法》，载中国政府网，https：//www.gov.cn/xinwen/2017-10/12/content_5231274.htm#1，最后访问时间：2023年7月1日。

② 《关于进一步深化刑事案件律师辩护全覆盖试点工作的意见》，载中国政府网，https：//www.gov.cn/gongbao/content/2022/content_5734814.htm，最后访问时间：2023年7月1日。

第十五条 【法律援助机构的信息核查】法律援助机构核查申请人的经济困难状况，可以通过信息共享查询，或者由申请人进行个人诚信承诺。

法律援助机构开展核查工作，可以依法向有关部门、单位、村民委员会、居民委员会或者个人核实有关情况。

● 条文主旨

本条是关于法律援助机构对申请人的经济困难状况核查的规定。

● 条文释义

法律援助的对象是经济困难的公民以及符合法定条件的其他当事人。其中，经济困难之外的法定条件由法律明确规定，申请人的经济困难状况是法律援助机构进行核查的重点。本条援引法律援助法第四十一条的规定，法律援助机构核查申请人的经济困难状况，可以通过信息共享查询，或者由申请人进行个人诚信承诺。法律援助机构开展核查工作，有关部门、单位、村民委员会、居民委员会和个人应当予以配合。本条相较于旧规定属于新增内容。具体而言，法律援助机构有两种核查方式，一是信息共享查询，二是申请人进行个人诚信承诺。

一、法律援助机构核查申请人的经济困难状况

（一）信息共享查询

数字政府的建设是近年来改革的重点，其要义在于建立政务数据的整合与共享。2015 年国务院《促进大数据发展行动纲要》明确要大力推动政府部门数据共享，厘清各部门数据管理及共享的义务和权利，依托政府数据统一共享交换平台，推动资源整合，提升治理能力。① 自此，国家出台了一系列的文件来推进信息共享的进程，如《政务信息资源共享管理暂行办法》《国务院办公厅关于印发政务信息系统整合共享实施方案的通知》等。2021 年"十四五"规划和 2035 年远景目标纲要提出"推动政务信息化共建共用"②，为政府部门信息共享作出了政策指引。全国各地也开展了积极探索与试验，如广州市建立了政务信息共享管理细则和资源目录，③ 浙江省大力推进"四张清单一张网"改革，打造全省统一、多级联动的浙江政务服务

① 《促进大数据发展行动纲要》，载中国政府网，https：//www.gov.cn/zhengce/content/2015-09/05/content_10137.htm，最后访问时间：2023 年 7 月 1 日。

② 《中华人民共和国国民经济和社会发展第十四个五年规划和 2035 年远景目标纲要》，载中国政府网，https：//www.gov.cn/xinwen/2021-03/13/content_5592681.htm，最后访问时间：2023 年 7 月 1 日。

③ 《广州市政务信息共享管理规定》，载广州市人民政府网站，https：//www.gz.gov.cn/zfjgzy/gzsrmzfbgt/zfxxgkml/bmwj/gz/content/post_4434973.html，最后访问时间：2023 年 7 月 1 日。

网，初步探索形成了"互联网+政务服务"的浙江模式，打通跨部门之间的信息系统。[①] 贵州省建立的云上贵州数据共享平台是推动信息资源整合的基础性互联互通平台，提供基础数据资源和信用、健康等主题共享数据资源，提供跨部门、跨层级、跨区域的数据共享和业务协同支撑服务。[②]

实践中，各部门、各地区之间协同有限，可能难以获得全面的信息来判断证据材料的真实性。在对全国各省市的调研反馈进行整合之后，多数省份建议尝试构建信息共享平台。对于各机关、各地区之间的信息互通，技术上可能还难以实现，但基于各地的建议，对于有条件的地方可探索法律援助机构与当地民政部门信息互通，方便法律援助机构审核申请人提交材料的真实性。参照《广东省申请法律援助经济困难公民认定办法》第十三条的规定，申请人、受援人具有提供不真实的经济困难申报材料、提供虚假证件、证明材料申请法律援助、用其他欺骗手段获得法律援助等情况，法律援助机构应当依照国家和省有关规定记入当事人信用档案，并通过公共信用信息共享平台予以

---

① 《浙江省"四张清单一张网"让老百姓办事"最多跑一次"》，载中国政府网，https://www.gov.cn/zhuanti/2017-09-28/content_5228148.htm，最后访问时间：2023年7月1日。

② 《云上贵州系统平台项目情况》，载贵州省大数据发展管理局网站，http://dsj.guizhou.gov.cn/zwgk/xxgkml/zdlyxx/dsjyytg/201809/t20180927_10392519.html，最后访问时间：2023年7月1日。

公开。①

（二）申请人进行个人诚信承诺

经济、文化的发展对诚信社会的需求越来越高，我国也逐渐开始重视个人诚信在社会治理中的价值。2016 年国务院办公厅《关于加强个人诚信体系建设的指导意见》就强调 "推动建立各地区各行业个人诚信记录机制" "规范推进个人诚信信息共享使用"。② 2019 年司法部印发《开展证明事项告知承诺制试点工作方案》，确立了告知承诺的基本形式，行政机关在办理有关事项时，以书面（含电子文本）形式将法律法规中规定的证明义务和证明内容一次性告知申请人，申请人书面承诺已经符合告知的条件、标准、要求，愿意承担不实承诺的法律责任，行政机关不再索要有关证明而依据书面（含电子文本）承诺办理相关事项。③ 2020 年司法部部署在全国开展 "法援惠民生 扶贫奔小康" 活动，开始探索法律援助经济困难证明告知承诺

---

① 《广东省申请法律援助经济困难公民认定办法》，载广东省人民政府网站，http：//www. gd. gov. cn/zwgk/wjk/qbwj/yfl/content/post_2711603. html，最后访问时间：2023 年 7 月 1 日。

② 《关于加强个人诚信体系建设的指导意见》，载中国政府网，https：//www. gov. cn/zhengce/content/2016－12/30/content_5154830. htm，最后访问时间：2023 年 7 月 3 日。

③ 《开展证明事项告知承诺制试点工作方案》，载中国政府网，https：//www. gov. cn/zhengce/zhengceku/2019－10/08/content_5437171. htm，最后访问时间：2023 年 7 月 3 日。

制。参照《湖北省法律援助条例》规定的经济困难承诺书，其第二十条第二款规定，经济困难承诺书应当载明申请人家庭人口状况、就业状况、家庭财产、家庭人均收入等信息。① 结合对全国各省市的调研反馈中多数省份的建议，个人诚信承诺制度需要规定相应的惩戒措施，这一制度的设置才能够得以完善并正常运行，实现制度设置初衷。对于能够证明经济困难的申请人，应当提供相应的材料供法律援助机构进行核查；对于符合法律援助经济困难条件但申请人又无法提供经济困难证明的情形，也应当探索开辟相应的通道，帮助这部分申请人顺利得到法律援助。申请人依靠个人诚信申请法律援助，并对经济困难的真实性和经济困难标准的符合性承担责任。法律援助法第四十一条第二款也明确，法律援助机构核查申请人的经济困难状况，可以通过信息共享查询，或者由申请人进行个人诚信承诺。在法律援助中构建个人诚信承诺制度，一方面能够简化法律援助申请的材料要求，实现便民、利民的目标，最大程度地为需要法律援助的公民提供服务；另一方面符合社会主义核心价值观的要求，有利于助力诚信社会的构建。

---

① 《湖北省法律援助条例》，载国家法律法规数据库，https：//flk. npc. gov. cn/detail2. html？ZmY4MDgwODE3MmI1ZjZlMzAxNzMwZjBiM2M3NDJhMWU，最后访问时间：2023 年 7 月 3 日。

二、法律援助机构向其他主体进行核查

对于申请人经济困难的状况，法律援助机构可以依法向有关部门、单位、村民委员会、居民委员会或者个人核实有关情况。根据法律援助法第四十一条第三款的规定，法律援助机构开展核查工作，有关部门、单位、村民委员会、居民委员会和个人应当予以配合。申请人经济困难情况的核实，往往涉及申请人的个人信息等隐私，掌握相关信息的主体有义务对敏感信息进行保密。因此，相关主体的配合义务可以从以下方面理解：一是主体特定性，即在法律援助机构的核查工作中，只有法律援助机构有权就核查事项向相关其他主体进行核实，对于其他主体的核实，相关主体没有配合义务。二是内容特定性，即法律援助机构只能对反映申请人经济困难状况的信息进行核实，对于其他信息的核实，相关主体没有配合义务。三是履行相对性，从当前的法律规定而言，相关主体的配合义务并非一种绝对的义务，不配合也没有惩罚性的后果，因此在实践中仍然需要从政策上进行激励，鼓励相关主体对法律援助机构的配合与支持，以便法律援助工作更好地开展。

第十六条　【法律援助机构信息核查的异地协作】受理申请的法律援助机构需要异地核查有关情况的，可以向核查事项所在地的法律援助机构请求协作。

法律援助机构请求协作的，应当向被请求的法律援助机构发出协作函件，说明基本情况、需要核查的事项、办理时限等。被请求的法律援助机构应当予以协作。因客观原因无法协作的，应当及时向请求协作的法律援助机构书面说明理由。

◖ 条文主旨

本条是关于法律援助机构信息核查进行异地协作的规定。

◖ 条文释义

法律援助机构核查信息，核查事项所在地有可能不在受理申请的所在地。对于这种情况，为了更准确地核查信息，法律援助机构可以进行异地协作，向核查事项所在地的法律援助机构申请。

一、法律援助机构信息异地核查的协作请求

法律援助是一项国家层面聚焦于社会弱势群体的制度，不同于司法机关以行政区划为基础的管辖划分，法律援助工作只有在全国范围内进行统筹规划，才能够最大限度地覆盖需要法律帮助的群体。对于需要异地核查有关情况的，受理申请的法律援助机构可以向核查事项所在地的法律援助机构提出协作请求，被请求的法律援助机构应当

予以协作。法律援助信息核查的异地协作是具有重要意义的：一方面，核查事项所在地掌握相关信息，信息核查的准确性、及时性能够得到保证；另一方面，核查事项所在地往往是申请人的户籍所在地或者是家乡，对于申请人的情况更加了解，也能够更好地提供有针对性、个性化的建议与帮助。在实践中，我国一直在进行积极探索，也形成了多种协作形式：（1）省际协作，即省份之间的法律援助异地协作机制，如《法律援助协作公约》就是早在1999年由安徽省发起并得到全国范围的参与的协作机制等。①（2）城际协作，即城市之间的法律援助异地协作机制，如2016年京津冀三地司法行政机关签署《京津冀一体化法律援助协同发展实施协议》等。②（3）专项协作，即针对特定的群体或事项展开的法律援助异地协作机制，如针对农民工这一具有鲜明跨行政区划特色、亟需法律援助异地协作的群体，2007年江西、安徽、河南、四川等省级法律援助中心联合签署的《省际农民工法律援助合作协议》等。③

---

① 《安徽率先发起的法律援助协作公约扩大到32省市区》，载中国政府网，https：//www.gov.cn/gzdt/2006-07/08/content_330725.htm，最后访问时间：2023年7月3日。

② 《跨省法援 三地携手打通百姓连心桥》，载北京市人民政府网，https：//www.beijing.gov.cn/ywdt/gzdt/202306/t20230614_3134109.html，最后访问时间：2023年7月3日。

③ 《江西安徽等十省区农民工可跨省申请法律援助》，载中国政府网，https：//www.gov.cn/govweb/fwxx/sh/2007-05/22/content_622166.htm，最后访问时间：2023年7月3日。

二、法律援助机构信息核查异地协作请求的办理

法律援助信息核查的异地协作应当遵循如下流程：（1）受理申请的法律援助机构发出协作函件。其中，协作函需要说明基本情况、需要核查的事项、办理时限等信息。（2）被请求的法律援助机构接受协作。一般情况下，被请求的法律援助机构应当予以协作，即有协作义务，如果不能协作也只能是因为无法协作的客观原因。为了更好地保障申请人的权益，如果不能协作，需要说明理由。一方面需要进行书面说明，另一方面应当及时说明。即应当及时向请求协作的法律援助机构书面说明理由。（3）被请求的法律援助机构进行信息核查。需要注意的是，协作双方因经济困难标准和法律援助范围不一致，如果没有协议明确，应当以受理申请的法律援助机构所在地的经济困难标准和法律援助范围为准。（4）被请求的法律援助机构将结果反馈给受理申请的法律援助机构。需要注意的是，协作双方应当及时沟通与反馈。例如，核查事项不能按时完成或无法完成，应及时与请求协作的法律援助机构沟通，以便及时调整协作方案；再如，需要请求协作方派员参加的，也应当及时与对方沟通，并就需求与案件情况及时交换意见。

● 案例评析

北京某中心对河北农民工劳动争议提供法律援助案①

案情简介：

2015 年 3 月至 12 月，王某等 62 名农民工在江苏某建设集团有限公司承包的廊坊某人防工程进行电气工程安装工作，该公司与王某等人约定劳务费按照日工资计算，工程结束后统一结算。2015 年 12 月，工程全部完工，但当王某等 62 名工人向该公司索要劳务费时，却被告知因为开发商拖欠工程款，该公司无钱向王某等人支付劳务费。王某等工人曾在北京市海淀区等工地工作，曾经因为欠薪事宜而向北京某劳动法援助与研究中心（以下简称某中心）申请法律援助并成功获得了赔偿。后王某等工友转往河北廊坊，继续从事电气工程安装工作。王某等 62 名农民工再次向某中心申请法律援助，对于这一京津冀的农民工欠薪案件，某中心高度重视，中心主任黄律师牵头成立由 4 位律师组成的专案小组，经过不懈努力帮助他们赢得了诉讼，62 名农民工赢得全部劳务费用为 982390 元。判决生

---

① 参见《京津冀法律援助协同发展 北京某中心援助河北农民工讨薪成功》，载北京市司法局网站，http://sfj.beijing.gov.cn/sfj/sfdt/ywdt82/jcgz20/379891/，最后访问时间：2023 年 7 月 3 日。

效后，某中心的律师再接再厉，代理受助农民工向法院申请强制执行，第一批 39 人共 526310 元案款顺利执行到位。

案件点评：

本案是 2016 年 11 月京津冀三地司法行政机关签署《京津冀一体化法律援助协同发展实施协议》以来，北京法律援助律师跨省援助成功的第一个典型案例，是法律援助协作的成功案例，也是专项协作与城际协作的典型案例。异地法律援助协作在转交法律援助申请、审核经济困难情况、委托调查取证、送达法律文书等方面畅通了渠道。不仅在具体案件中实现了合作办理法律援助案件，在日常工作中也实现了加强交流研讨和业务培训。据了解，2021 年以来，北京市司法局连续三年与河北、天津两地联合举办京津冀公共法律服务业务培训班，北京市各区司法局主管领导、法律援助管理部门、法律援助业务骨干、律师代表等参加现场培训。同时培训班开放在线参会，设置 30 余个线上分会场，河北、天津法律援助管理人员和法律援助律师共计 900 余人进行同步在线学习交流。培训班的重点课程还与其他兄弟省市进行线上分享，培训班取得良好的效果。①

---

① 《跨省法援三地携手打通百姓连心桥》，载北京市人民政府网站，https://www.beijing.gov.cn/ywdt/gzdt/202306/t20230614_3134109.html，最后访问时间：2023 年 7 月 3 日。

第十七条　【法律援助机构的审查时限】法律援助机构应当自收到法律援助申请之日起七日内进行审查，作出是否给予法律援助的决定。

申请人补充材料、作出说明所需的时间，法律援助机构请求异地法律援助机构协作核查的时间，不计入审查期限。

● **条文主旨**

本条是关于法律援助机构对申请材料进行审查的时限规定。

● **条文释义**

法律援助机构审查法律援助申请，应当在一定的时间内完成，即在七日内完成审查并作出是否给予法律援助的决定。但对于申请人补充材料、作出说明以及法律援助机构请求异地法律援助机构协作核查的时间，不计入审查期限。

一、法律援助机构审查法律援助申请的时限

本条是援引法律援助法对于审查时限的规定，根据该法第四十三条的规定，法律援助机构应当自收到法律援助申请之日起七日内进行审查，作出是否给予法律援助的决定。旧规定第十三条将法律援助机构审查法律援助申请的时限规定为七个工作日，本规定援引法律援助法第四十三条的规定，更改为七个自然日。对于七日的理解，主要出于以下考虑：第一，法律援助机构需要对申请材料进行审查与核实，可能涉及向有关部门、单位、村民委员会、居民委员会或者个人核实有关情况。因此，需要留出一定的时间进行这项工作。第二，基于对申请人合法权益的保护，法律援助审查申请材料并作出是否给予法律援助的决定应当满足两个特点，一是及时，以保障申请人快速获得法律帮助以应对司法活动，特别是对于涉及逮捕、财产处理等具有时效性的司法活动，如果不能及时完成审查、作出决定，法律援助将失去其本来的意义；二是准时，申请材料的审查与核实更多地属于一种程序层面的环节，并不存在法律援助机构价值判断或论理需求，因此七日的时间既是为了防止法律援助机构拖延，也是给予申请人一个救济、申诉的依据。

二、不计入审查期限的情形

法律援助机构对申请材料进行审查，根据本规定第十一条的规定，主要包含法律援助申请表、居民身份证或者其他有效身份证明（代为申请的还应当提交有代理权的证明）、经济困难状况说明表及相关证件或证明材料，以及与所申请法律援助事项有关的其他材料。经审查，机构将根据不同的情况作出相应的处理。其中，可能会出现材料不足、异地协作等特殊情况，如果仍然要求七日内完成审查是不具有可操作性的。因此，本条第二款增加了对特殊情况的处理。

（一）申请人补充材料、作出说明

对于申请人提供的材料不全的，申请人可以进行补充或说明。根据本规定第十三条的规定，申请人提交的申请材料不齐全，应当一次性告知申请人需要补充的全部内容，或者要求申请人作出必要的说明。申请人未按要求补充材料或者作出说明的，视为撤回申请。这里需要注意的主要有两个方面：第一，法律援助机构应当将需要补充和说明的全部内容一次性告知申请人，不能反复要求申请人补正，一方面是避免时间的持续拖延，提高法律援助的效率，另一方面也是避免浪费申请人的精力和时间，提高法律援助服务质量。第二，申请法律援助所需要的材料多为表格、证明类的文件，是对当下申请人身份或经济状况的客观描述，因此即便是文件的补办也并不需要进行复杂的准备。申请人应当按照要求进行补充或说明，如果不能做到，那么一方面可以合理推断申请人可能并不符合相关的要求，另一方面为了保障法律援助的时效性，将视为申请人撤回申请。但补充材料或者是进行说明的时间是由其他行政机关或者是申请人自身来决定的，法律援助机构无法进行合理控制。因此，对于申请人补充材料、作出说明所需的时间不计入审查期限。

（二）法律援助机构请求异地协作核查

对于申请事项涉及异地法律援助机构的情形，本规定第十六条规定了受理申请的法律援助机构可以向异地法律援助机构申请协作核查。被请求的法律援助机构首先需要对异地协作的请求进行处理，然后对请求事项进行信息核查，再反馈给受理申请的法律援助机构。其中，处理请求与反馈请求需要经过作出决定、制作文书、送达文书等程序，是需要一定的时间的；第二个环节有可能涉及向当地的有关部门、单位、村民委员会、居民委员会或者个人核实有关情况，这个时间法律援助机构无法进行合理控制。此外，对于需要派员等其他协作的特殊情形，还涉及受理申请与被请求法律援助机构之间的协商与沟通，均是需要时间保障的。因此，法律援助机构请求异地法律援助机构协作核查的时间，不计入审查期限。

第十八条 【经济困难的认定】法律援助机构经审查，对于有下列情形之一的，应当认定申请人经济困难：

（一）申请人及与其共同生活的家庭成员符合受理的法律援助机构所在省、自治区、直辖市人民政府规定的经济困难标准的；

（二）申请事项的对方当事人是与申请人共同生

活的家庭成员，申请人符合受理的法律援助机构所在省、自治区、直辖市人民政府规定的经济困难标准的；

（三）符合《中华人民共和国法律援助法》第四十二条规定，申请人所提交材料真实有效的。

● 条文主旨

本条是关于申请人经济困难认定标准的规定。

● 条文释义

申请人经济困难是对其实施法律援助的情形之一，本条规定认定申请人经济困难有三项具体标准。一是一般情形，即申请人及与其共同生活的家庭成员均需要符合经济困难标准；二是特殊情形，即申请事项的对方当事人是与申请人共同生活的家庭成员的，仅需要申请人符合经济困难标准；三是免予核查经济困难状况的，要求申请人所提交的材料真实有效。

一、申请人及与其共同生活的家庭成员均需要符合经济困难标准的一般情形

经济情况的审查范围不仅包含申请人，还包括与其共同生活的家庭成员。只有家庭中所有个体的经济状况均符合经济困难的标准，才能够予以认定。由于全国各地经济发展不平衡，经济困难的审查标准不宜由国家制定统一的标准，由受理申请的法律援助机构所在省、自治区、直辖市人民政府自行规定。在各地的实践中，主要有两种模式：以当地最低生活保障标准或低收入家庭标准为参照系，根据一定的比例确定法律援助经济困难标准；或者直接规定特定群体的人员为经济困难人员。参照法律援助法第三十四条的规定，经济困难的标准，由省、自治区、直辖市人民政府根据本行政区域经济发展状况和法律援助工作需要确定，并实行动态调整。

二、仅需要申请人符合经济困难标准的特殊情形

在如家暴、遗弃等部分案件中，法律援助申请事项的对方当事人是与申请人共同生活的家庭成员。这种情形下可能出现的情况是，申请人权益受到侵害的来源是其家庭成员，但却因家庭成员不符合经济困难的标准从而无法获得法律援助。这一项规定主要解决这一矛盾，因此对于前述情形，只需要申请人符合经济困难的标准即可。

三、免予核查经济困难状况申请人的特殊情形

法律援助法第四十二条规定的是免予核查经济困难状况，如果申请人有证明材料证明自己属于该条规定的特殊人员，免予对其经济困难状况进行核查。共有四种特殊人员：

（一）无固定生活来源的未成年人、老年人、残疾人等特定群体

根据中共中央办公厅、国务院办公厅《关于改革完善

社会救助制度的意见》的指导精神，未成年人、老年人、残疾人等特殊群体是社会救助体系的重点关注对象。① 根据民政部《特困人员认定办法》第四条的规定，这部分群体主要是指无劳动能力，无生活来源，且无法定赡养、抚养、扶养义务人或者其法定义务人无履行义务能力的未成年人、老年人、残疾人。②

（二）社会救助、司法救助或者优抚对象

根据《社会救助暂行办法》以及《关于改革完善社会救助制度的意见》的规定，社会救助对象覆盖面是较大的，包括最低生活保障家庭、特困供养人员、受灾人员等特殊群体，以及因遭遇突发事件、意外伤害、重大疾病，受突发公共卫生事件影响、刚性支出较大或由于其他特殊原因导致基本生活出现严重困难的家庭或人员。③ 根据《关于建立完善国家司法救助制度的意见（试行）》第二

---

① 《关于改革完善社会救助制度的意见》，载中国政府网，https：//www. gov. cn/gongbao/content/2020/content_5541475. htm，最后访问时间：2023年7月3日。

② 《特困人员认定办法》，载民政部网站，https：//xxgk. mca. gov. cn：8445/gdnps/pc/content. jsp？mtype＝1&id＝116263，最后访问时间：2023年7月3日。

③ 《社会救助暂行办法》，载国家法律法规数据库，https：//flk. npc. gov. cn/detail2. html？ZmY4MDgwODE2ZjNjYmIzYzAxNmY0MTI0YmFiZjE5YmI；《关于改革完善社会救助制度的意见》，载中国政府网，https：//www. gov. cn/gongbao/content/2020/content_5541475. htm，最后访问时间：2023年7月3日。

条的规定，国家司法救助的对象包括：（1）刑事案件被害人受到犯罪侵害，致使重伤或严重残疾，因案件无法侦破造成生活困难的；或者因加害人死亡或没有赔偿能力，无法经过诉讼获得赔偿，造成生活困难的。（2）刑事案件被害人受到犯罪侵害危及生命，急需救治，无力承担医疗救治费用的。（3）刑事案件被害人受到犯罪侵害而死亡，因案件无法侦破造成依靠其收入为主要生活来源的近亲属生活困难的；或者因加害人死亡或没有赔偿能力，依靠被害人收入为主要生活来源的近亲属无法经过诉讼获得赔偿，造成生活困难的。（4）刑事案件被害人受到犯罪侵害，致使财产遭受重大损失，因案件无法侦破造成生活困难的；或者因加害人死亡或没有赔偿能力，无法经过诉讼获得赔偿，造成生活困难的。（5）举报人、证人、鉴定人因举报、作证、鉴定受到打击报复，致使人身受到伤害或财产受到重大损失，无法经过诉讼获得赔偿，造成生活困难的。（6）追索赡养费、扶养费、抚育费等，因被执行人没有履行能力，造成申请执行人生活困难的。（7）对于道路交通事故等民事侵权行为造成人身伤害，无法经过诉讼获得赔偿，造成生活困难的。（8）党委政法委和政法各单位根据实际情况，认为需要救助的其他人员。涉法涉诉信访人，其诉求具有一定合理性，但通过法律途径难以解决，且生活困难，愿意接受国家司法救助后息诉息访的，可参照执行。① 根据《军人抚恤优待条例》第二条规定，优抚对象包括中国人民解放军现役军人、服现役或者退出现役的残疾军人以及复员军人、退伍军人、烈士遗属、因公牺牲军人遗属、病故军人遗属、现役军人家属。

（三）申请支付劳动报酬或者请求工伤事故人身损害赔偿的进城务工人员

进城务工人员一般指农民工，根据《保障农民工工资支付条例》第二条第二款的界定，即为用人单位提供劳动的农村居民。在国家统计层面上，农民工指户籍仍在农村，年内在本地从事非农产业或外出从业六个月及以上的劳动者。② 对于这部分人员申请支付劳动报酬，或请求工伤事故人身损害赔偿的，免予审核经济困难状况。

（四）法律、法规、规章规定的其他人员

1. 依据刑事诉讼法和法律援助法的规定，刑事案件的犯罪嫌疑人、被告人属于下列人员之一，没有委托辩护人的，人民法院、人民检察院、公安机关应当通知法律援助机构指派律师担任辩护人：未成年人；视力、听力、言语

---

① 《关于建立完善国家司法救助制度的意见（试行）》，载最高人民检察院网站，https://www.spp.gov.cn/spp/zdgz/201512/t20151208_109020.shtml，最后访问时间：2023年7月3日。

② 《2022年农民工监测调查报告》，载国家统计局网站，http://www.stats.gov.cn/xxgk/sjfb/zxfb2020/202304/t20230428_1939125.html，最后访问时间：2023年7月3日。

残疾人；不能完全辨认自己行为的成年人；可能被判处无期徒刑、死刑的人；申请法律援助的死刑复核案件被告人；缺席审判案件的被告人；法律法规规定的其他人员。此外，强制医疗案件的被申请人或者被告人没有委托诉讼代理人的，人民法院应当通知法律援助机构指派律师为其提供法律援助。

2. 根据法律援助法第三十二条的规定，当事人申请法律援助的，不受经济困难条件限制的，包括以下情形：英雄烈士近亲属为维护英雄烈士的人格权益；因见义勇为行为主张相关民事权益；再审改判无罪请求国家赔偿；遭受虐待、遗弃或者家庭暴力的受害人主张相关权益；法律、法规、规章规定的其他情形。

对于申请人所提交材料的真实有效性，根据本规定第十五条的规定，由法律援助机构进行核查，可以信息共享查询、申请人个人诚信承诺或者向有关部门、单位、村民委员会、居民委员会或者个人核实有关情况多种方式开展。

◖◗ 案例评析

吉林省白城市法律援助中心对张某
交通事故责任纠纷案提供法律援助案①

案情简介：

2021 年 12 月 8 日，张某步行至某农业发展有限公司门前时，被李某驾驶的小型轿车撞伤，张某被送往某医院住院治疗，经诊断，事故造成张某左侧上颌窦前壁骨折、左侧上颌骨额窦骨折、左侧股骨大转子骨折。因负担不起医疗费用，住院 2 天后，张某无奈提前办理出院，回家卧床休养。张某系孤寡老人，没有收入来源，也没有直系近亲属，导致其无法与保险公司协商后续赔偿事宜，也无法启动诉讼程序索要赔偿。2022 年 1 月 18 日，张某邻居李某、郭某前往白城市法律援助中心为张某寻求帮助。

白城市法律援助中心经审查，认为张某符合法律援助条件，立即指派吉林某律师事务所刘律师承办该案。承办律师接受指派后立即与张某取得联系，因张某卧床养伤、行动不便，承办律师多次前往其家中了解案情、询问张某

---

　① 《吉林省白城市法律援助中心对张某交通事故责任纠纷案提供法律援助案》，载中国法律服务网司法行政（法律服务）案例库，http：//alk. 12348. gov. cn/Detail？dbID＝46&dbName＝FYGL&sysID＝35206，最后访问时间：2023 年 7 月 5 日。

受伤情况、收集涉案相关证据材料等。同时，承办律师又前往交警部门调取案件相关材料。经调查，肇事车辆所有人李某仅投保了交强险，保险公司为张某垫付了部分医疗费用后，已对本次事故作结案处理。承办律师就所掌握的证据材料与张某进行核实后，立即为张某起草起诉状、司法鉴定申请书，连同收集到的相关证据材料一并递交法院申请立案。2022 年 3 月 8 日，法院正式受理案件，并委托鉴定机构对张某的误工期、护理期、营养期进行鉴定。2022 年 5 月 27 日，吉林某司法鉴定中心出具了司法鉴定意见书。承办律师立即与保险公司沟通，经张某本人同意，双方达成调解协议。

2022 年 5 月 30 日，经白城市保险行业人民调解委员会组织，张某、李某、保险公司三方签署了和解协议书，保险公司将赔偿款合计 37813.20 元转入张某个人银行账户。

案件点评：

本案中，受援人无家庭成员照料、经济困难，符合经济困难的标准。为了使受援人更快得到赔偿款以便继续治疗，承办律师积极与保险公司协商，最终促成调解方案，高效地维护了受援人的合法权益。

第十九条　【法律援助机构的审查决定】法律援助机构经审查，对符合法律援助条件的，应当决定给予法律援助，并制作给予法律援助决定书；对不符合法律援助条件的，应当决定不予法律援助，并制作不予法律援助决定书。

不予法律援助决定书应当载明不予法律援助的理由及申请人提出异议的途径和方式。

☞ 条文主旨

本条是关于法律援助机构作出审查决定的规定。

☞ 条文释义

本条的规定是援引法律援助法第四十三条的规定，法律援助机构应当自收到法律援助申请之日起七日内进行审查，作出是否给予法律援助的决定。决定给予法律援助的，应当自作出决定之日起三日内指派法律援助人员为受援人提供法律援助；决定不给予法律援助的，应当书面告知申请人，并说明理由。法律援助机构审查法律援助申请，对于符合法律援助条件的，应当作出给予法律援助的决定，对于不符合法律援助条件的，应当作出不予法律援助的决定。法律援助机构作出决定应当制作相应的法律文书，特别是对于不予法律援助的决定，应当在文书中载明不予法律援助的理由及申请人提出异议的途径和方式。

一、给予法律援助决定书与不予法律援助决定书

（一）给予法律援助决定书

法律援助机构对申请材料进行审查，符合本规定第十四条关于法律援助条件的规定的，应当给予法律援助。给予法律援助应当制作相应文书，即给予法律援助决定书。

基于各地的实践，笔者总结、整理了给予法律援助决定书的模板，大致如下：

给予法律援助决定书

援决字〔 〕第 号

×××：

你于×年×月×日向本中心（处）提出的＿＿＿＿＿＿一案法律援助申请，经审查符合法律援助条件，现依据＿＿＿＿＿＿之规定，决定给予法律援助。

法律援助中心（公章）

年 月 日

根据法律援助法第四十三条的规定，决定给予法律援助的，应当自作出决定之日起三日内指派法律援助人员为受援人提供法律援助。

（二）不予法律援助决定书

法律援助机构对申请材料进行审查，不符合本规定第十四条关于法律援助条件的规定的，应当决定不予法律援助。不予法律援助应当制作相应文书，即不予法律援助决定书。

基于各地的实践，不予法律援助决定书的模板大致如下：

不予法律援助决定书

援拒字 [　　] 第　　号

×××：

你于×年×月×日向本中心（处）提出的＿＿＿＿＿＿一案法律援助申请，经审查，不符合＿＿＿＿＿＿的规定，决定不予法律援助。

不予法律援助的理由是＿＿＿＿＿＿＿＿＿＿＿。

如对本决定有异议，可以自收到本决定书之日起×个工作日内向＿＿＿＿＿＿司法局（厅）提出。

法律援助中心（公章）

年　月　日

二、不予法律援助决定书的内容要求

旧规定第十六条第二款规定，不予法律援助决定书应当载明不予法律援助的理由及申请人提出异议的权利。本规定在载明权利的基础上进行了细化，应当载明提出异议的途径和方式，使得申请人提出异议更加具有可操作性，帮助制度切实落地。为了更好地保障申请人获得法律援助

的权利，如果法律援助机构作出不予法律援助决定书，应当让申请人知道理由。参照《北京市法律援助条例》第二十二条规定，因下列情形之一不能提供法律援助的，法律援助机构应当向申请人说明：（1）申请事项不属于人民法院或者其他非诉讼事务处理机构受理范围的；（2）申请相对人不明确的；（3）法律援助事项已审结或者处理完毕，申请人以同一事实和理由再次申请法律援助的；（4）法律、法规规定不能提供法律援助的其他情形。① 同时，还应当告知申请人提出异议的途径与方式，即告知申请人提出异议的时间、机构以及形式。

◖ 案例评析

浙江省温州市苍南县法律援助中心
对张某某依法不予法律援助案②

案情简介：

2013 年 12 月 21 日上午，申请人张某某在某涂料厂维

---

① 《北京市法律援助条例》，载国家法律法规数据库，https：//flk. npc. gov. cn/detail2. html？NDAyOGFiY2M2MTI3Nzc5MzAxNjEyODA1MTVkNDQ2YmQ，最后访问时间：2023 年 7 月 5 日。

② 《浙江省温州市苍南县法律援助中心对张某某依法不予法律援助案》，载中国法律服务网司法行政（法律服务）案例库，http：//alk. 12348. gov. cn/Detail？dbID＝47&dbName＝FYBY&sysID＝21，最后访问时间：2023 年 7 月 5 日。

修机器时受伤。2014 年 6 月 27 日经苍南县人力资源和社会保障局认定为工伤，2014 年 11 月 28 日经浙江省劳动能力鉴定委员会鉴定为因工致残九级。2015 年 1 月 9 日，张某某和某涂料厂就工伤赔偿达成仲裁调解书，约定张某某不再另行提起赔偿请求。之后，张某某又以"生命权、健康权、身体权纠纷"为由向苍南县人民法院提起民事诉讼。

立案后，2015 年 3 月 18 日，张某某就该案向苍南县法律援助中心提出法律援助申请。2015 年 3 月 20 日，苍南县法律援助中心作出不予法律援助决定书，3 月 24 日，张某某不服该决定，向苍南县司法局申请异议复查，3 月 27 日，苍南县司法局作出维持不予法律援助决定。后张某某不服，先后向苍南县人民政府、苍南县人民法院和温州市中级人民法院提起行政复议和行政诉讼，经行政复议和法庭审理，张某某的请求均被驳回。

案例点评：

劳动争议调解仲裁法第四十二条规定，仲裁庭在作出裁决前，应当先行调解。调解达成协议的，仲裁庭应当制作调解书。调解书应当写明仲裁请求和当事人协议的结果。调解书由仲裁员签名，加盖劳动争议仲裁委员会印章，送达双方当事人。调解书经双方当事人签收后，发生法律效力。而张某某和用人单位达成仲裁调解协议后，又以"生命权、健康权、身体权"纠纷为由起诉，属滥用诉讼行为，浪费诉讼资源。

《浙江省法律援助条例》第八条规定："当事人为维护自己的合法权益需要法律服务，因经济困难无力支付法律服务费用的，可以向法律援助机构申请法律援助。经济困难的标准，由县级以上人民政府按家庭人均收入不低于当地最低工资标准确定。"经查，张某某的月工资为3000元，已超出苍南县经济困难标准线。此外，申请人张某某在劳动仲裁阶段委托温州某劳动争议代理服务所李某某代理，李某某按一定比例收取代理费。向苍南县法律援助中心提出法律援助申请时，由李某某代为提出申请。故申请人张某某不符合法律援助经济困难标准。

《浙江省法律援助条例》第九条规定："下列事项可以申请法律援助：（一）依法请求国家赔偿的；（二）请求给予社会保险待遇或者最低生活保障待遇的；（三）请求发给抚恤金、救济金的；（四）请求给付赡养费、抚养费、扶养费的；（五）请求支付劳动报酬的；（六）请求医疗事故、交通事故、工伤事故赔偿的；（七）主张因见义勇为行为产生的民事权益的；（八）其他按规定可以提供法律援助的事项。"张某某以"生命权、健康权、身体权"纠纷为由申请法律援助，不属于法律援助范围。

第二十条　【法律援助决定书的送达】 给予法律援助决定书或者不予法律援助决定书应当发送申请人；属于《中华人民共和国法律援助法》第三十九条规定情形的，法律援助机构还应当同时函告有关办案机关、监管场所。

◖ **条文主旨**

本条是关于送达给予法律援助决定书或者不予法律援助决定书的规定。

◖ **条文释义**

法律援助机构作出的法律文书应当及时进行送达。对于未被采取限制人身自由措施的申请人，给予法律援助决定书或者不予法律援助决定书应当发送申请人；对于被采取限制人身自由措施的人员，应当同时函告相关机关、场所。

一、发送申请人

给予法律援助决定书或者不予法律援助决定书是法律援助程序中重要的法律文书，也是法律援助立案和结案文书归档材料中的重要内容。就给予法律援助决定书而言，是法律援助机构进行指派的依据；就不予法律援助决定书而言，是申请人提出异议的凭证。因此，给予法律援助决定书或者不予法律援助决定书都应当及时发送给申请人。

二、函告有关办案机关、监管场所

本条援引法律援助法第三十九条的规定主要是针对刑事案件中被采取限制人身自由措施的人员的法律援助申请，即被羁押的犯罪嫌疑人、被告人、服刑人员，以及强制隔离戒毒人员等提出法律援助申请的，办案机关、监管场所应当在二十四小时内将申请转交法律援助机构。犯罪嫌疑人、被告人通过值班律师提出代理、刑事辩护等法律援助申请的，值班律师应当在二十四小时内将申请转交法律援助机构。参照最高人民法院、最高人民检察院、公安部、司法部印发的《关于刑事诉讼法律援助工作的规定》第八条的规定，给予法律援助决定书和不予法律援助决定书应当及时发送申请人，并函告公安机关、人民检察院、人民法院。此外，《全国刑事法律援助服务规范》第8.3.1条第c款中也进一步明确了送达的对象，即对于羁押的犯罪嫌疑人、被告人、服刑人员及社区服刑人员，法律援助机构应同时函告有关人民法院、人民检察院、公安机关、国家安全机关及监狱、社区矫正机构（中心）、看守所。

第二十一条　【先行提供法律援助】法律援助机构依据《中华人民共和国法律援助法》第四十四条规定先行提供法律援助的，受援人应当在法律援助机构要求的时限内，补办有关手续，补充有关材料。

☛ 条文主旨

本条是关于法律援助机构先行提供法律援助的规定。

☛ 条文释义

本条是对照法律援助法先行法律援助机制的程序要求，对于法律援助机构先行提供法律援助的情形，受援人仍然需要在程序上进行手续、材料的补充。

一、先行提供法律援助的条件

根据法律援助法第四十四条的规定，法律援助机构收到法律援助申请后，发现有下列情形之一的，可以决定先行提供法律援助：

（一）距法定时效或者期限届满不足七日，需要及时提起诉讼或者申请仲裁、行政复议

时效制度或期限制度是法律中一项重要的制度，在时效、期限内，当事人有权依法主张自己的权利；但超过这个期间未行使权利，再行主张诉求的，法律将不予支持。这一方面有利于督促当事人积极行使权利；另一方面方便案件的办理。在常规的法律援助申请中，法律援助机构审查以及指派法律援助人员等程序均需要时间，为了让临近法定时效或期限的当事人能够得到法律援助开展相关司法活动，可以直接先行提供法律援助，后面再进行常规的资

料审核等程序。在先行提供法律援助的规定中，需要对应相应的法定时效或者法定期限。

1. 刑事犯罪追诉期限：根据刑法第八十七条至第八十九条的规定，法定最高刑为不满五年有期徒刑的，追诉期限为五年；法定最高刑为五年以上不满十年有期徒刑的，追诉期限为十年；法定最高刑为十年以上有期徒刑的，追诉期限为十五年；法定最高刑为无期徒刑、死刑的，追诉期限为二十年。如果二十年以后认为必须追诉的，须报请最高人民检察院核准。在人民检察院、公安机关、国家安全机关立案侦查或者在人民法院受理案件以后，逃避侦查或者审判的，不受追诉期限的限制。被害人在追诉期限内提出控告，人民法院、人民检察院、公安机关应当立案而不予立案的，不受追诉期限的限制。追诉期限从犯罪之日起计算；犯罪行为有连续或者继续状态的，从犯罪行为终了之日起计算。在追诉期限以内又犯罪的，前罪追诉的期限从犯后罪之日起计算。

2. 请求保护民事权利的诉讼时效期间：根据民法典第一百八十八条至第一百九十一条的规定，向人民法院请求保护民事权利的诉讼时效期间为三年。法律另有规定的，依照其规定。诉讼时效期间自权利人知道或者应当知道权利受到损害以及义务人之日起计算。法律另有规定的，依照其规定。但是，自权利受到损害之日起超过二十年的，人民法院不予保护，有特殊情况的，人民法院可以根据权利人的申请决定延长。当事人约定同一债务分期履行的，诉讼时效期间自最后一期履行期限届满之日起计算。无民事行为能力人或者限制民事行为能力人对其法定代理人的请求权的诉讼时效期间，自该法定代理终止之日起计算。未成年人遭受性侵害的损害赔偿请求权的诉讼时效期间，自受害人年满十八周岁之日起计算。

3. 行政诉讼的时效期间：根据行政诉讼法第四十五条至第四十六条规定，公民、法人或者其他组织不服复议决定的，可以在收到复议决定书之日起十五日内向人民法院提起诉讼。复议机关逾期不作决定的，申请人可以在复议期满之日起十五日内向人民法院提起诉讼。法律另有规定的除外。公民、法人或者其他组织直接向人民法院提起诉讼的，应当自知道或者应当知道作出行政行为之日起六个月内提出。法律另有规定的除外。因不动产提起诉讼的案件自行政行为作出之日起超过二十年，其他案件自行政行为作出之日起超过五年提起诉讼的，人民法院不予受理。

4. 仲裁的时效期间：根据民法典第一百九十八条的规定，法律对仲裁时效有规定的，依照其规定；没有规定的，适用诉讼时效的规定。根据劳动争议调解仲裁法第二十七条的规定，劳动争议申请仲裁的时效期间为一年。仲裁时效期间从当事人知道或者应当知道其权利被侵害之日起计算。劳动关系存续期间因拖欠劳动报酬发生争议的，劳动者申请仲裁不受一年的仲裁时效期间的限制；但是，劳动关系终止的，应当自劳动关系终止之日起一年内提出。

5. 行政复议的时效期限：根据行政复议法第二十条第一款的规定，公民、法人或者其他组织认为行政行为侵犯其合法权益的，可以自知道该行政行为之日起六十日内提出行政复议申请；但是法律规定的申请期限超过六十日的除外。

（二）需要立即申请财产保全、证据保全或者先予执行

根据本条的规定，法律援助机构收到法律援助申请后，如果发现申请的法律援助事项需要立即申请财产保全、证据保全或者先予执行的，可以暂停对申请材料的审查工作，先行决定提供法律援助，以最大限度地保障申请人的合法权益，维持基本生活和生产经营。

1. 财产保全。根据民事诉讼法第一百零三条与第一百零四条规定，人民法院对于可能因当事人一方的行为或者其他原因，使判决难以执行或者造成当事人其他损害的案件，根据对方当事人的申请，可以裁定对其财产进行保全、责令其作出一定行为或者禁止其作出一定行为；当事人没有提出申请的，人民法院在必要时也可以裁定采取保全措施。利害关系人因情况紧急，不立即申请保全将会使其合法权益受到难以弥补的损害的，可以在提起诉讼或者申请仲裁前向被保全财产所在地、被申请人住所地或者对

案件有管辖权的人民法院申请采取保全措施。刑事诉讼法第一百零二条规定，人民法院在必要的时候，可以采取保全措施，查封、扣押或者冻结被告人的财产。附带民事诉讼原告人或者人民检察院可以申请人民法院采取保全措施。人民法院采取保全措施，适用民事诉讼法的有关规定。

2. 证据保全。根据民事诉讼法第八十四条第一款、第二款规定，在证据可能灭失或者以后难以取得的情况下，当事人可以在诉讼过程中向人民法院申请保全证据，人民法院也可以主动采取保全措施。因情况紧急，在证据可能灭失或者以后难以取得的情况下，利害关系人可以在提起诉讼或者申请仲裁前向证据所在地、被申请人住所地或者对案件有管辖权的人民法院申请保全证据。行政诉讼法第四十二条规定，在证据可能灭失或者以后难以取得的情况下，诉讼参加人可以向人民法院申请保全证据，人民法院也可以主动采取保全措施。

3. 先予执行。根据民事诉讼法第一百零九条至第一百一十条第一款规定，人民法院对下列案件，根据当事人的申请，可以裁定先予执行：（1）追索赡养费、扶养费、抚养费、抚恤金、医疗费用的；（2）追索劳动报酬的；（3）因情况紧急需要先予执行的。适用先予执行，还要求：（1）当事人之间权利义务关系明确，不先予执行将严重影响申请人的生活或者生产经营的；（2）被申请人有履行能力。

（三）法律、法规、规章规定的其他情形

法律援助法为先行提供法律援助拓展了路径，即法律、行政法规、地方性法规、部门规章或者政府规章所规定的其他情形，不仅将更多可能存在的特殊情况纳入先行提供法律援助的范围，也为有关部门或者是地方法律援助机构提供了进一步探索的实践空间。

二、法律援助后续的程序要求

法律援助机构先行提供法律援助的，受援人仍然需要补充申请流程。否则，将承担相应的法律后果。具体而言，受援人应当在法律援助机构要求的时限内，补办有关手续，补充有关材料。

◖ 案例评析

湖北省武汉市青山区法律援助中心
对李某劳动争议提供法律援助案①

案情简介：

李某自 2017 年 11 月 1 日起进入武汉某有限公司从事汽车运输工作，双方订立了书面劳动合同，合同期限自

---

① 《湖北省武汉市青山区法律援助中心对李某劳动争议提供法律援助案》，载中国法律服务网司法行政（法律服务）案例库，http://alk.12348.gov.cn/Detail? dbID=46&sysID=13631，最后访问时间：2023 年 7 月 5 日。

2017年11月1日起至2018年10月31日止，工资为计件工资。2018年1月4日，李某因病进入A医院治疗，武汉某有限公司向李某送达医疗期满通知书，告知申请人所享受的医疗期于2018年4月4日期满，通知李某于2018年4月5日到岗上班，如不能从事原工作，也不能从事另行安排的工作，将于2018年4月5日与申请人解除劳动合同。2018年2月6日，李某因病情恶化，转入B肿瘤医院，诊断为右肺腺癌，需随时就诊、化疗，未能按照武汉某有限公司通知要求返岗工作，武汉某有限公司与其解除劳动合同。

李某多次就劳动合同解除经济补偿金、医疗费、病假工资与武汉某有限公司进行商谈，均遭到武汉某有限公司拒绝。为维护自身的合法权益，2018年12月25日，李某向武汉市青山区法律援助中心申请法律援助。

鉴于李某身体状况较差，往返不方便，根据《湖北省法律援助条例》第二十三条的规定，申请人有下列情形之一的，法律援助机构可以先行提供法律援助，事后由申请人补交有关证明材料：（1）申请人面临重大人身或者财产损害危险的；（2）申请事项法定期限即将届满的；（3）有其他紧急或者特殊情形的。法律援助中心决定为李某先行提供法律援助，并要求李某在规定时间内提交重症证明，否则将终止法律援助。同日，青山区法律援助中心批准了李某的法律援助申请，指派湖北某律师事务所郭律师承办此案。

郭律师详细询问了李某入职过程及相关诉求，谈话中了解到，一是李某与武汉某有限公司订立了书面劳动合同，期限自 2017 年 11 月 1 日起至 2018 年 10 月 31 日止；二是李某于 2018 年 1 月 4 日，因病入院治疗，未再从事相关工作；三是医疗期内，武汉某有限公司未支付工资；四是武汉某有限公司在解除劳动合同后，为李某办理了失业保险申领手续；五是李某在职工作期间平均工资为 4979.12 元；六是李某就诊医院为三级医疗机构；七是李某入职时缴纳了 1000 元押金；八是武汉某有限公司于 2018 年 1 月才为李某办理社会保险；九是李某参加工作时间为 1994 年 1 月。

郭律师依据谈话情况，一是告知李某诉讼有风险，诉求能否得到支持，取决于主张的适当性和事实依据、法律依据的完备程度，最终由裁判机构依职权予以确定。二是保存好现有的发票、单据、重症资料等材料。三是解除劳动合同的经济补偿金和违法解除劳动合同的赔偿金不能同时适用。四是李某享受的医疗期，应符合法律法规要求。依据《企业职工患病或非因工负伤医疗期规定》，企业职工因患病或非因工负伤，需要停止工作医疗时，根据本人实际参加工作年限和在本单位工作年限，给予三个月到二十四个月的医疗期：（1）实际工作年限十年以下的，在本单位工作年限五年以下的为三个月；五年以上的为六个月。（2）实际工作年限十年以上的，在本单位工作年限五年以下的为六个月；五年以上十年以下的为九个月；十年以上十五年以下的为十二个月；十五年以上二十年以下的为十八个月；二十年以上的为二十四个月。李某自1994年1月起参加工作，实际工作年限十年以上，在武汉某有限公司工作不足五年，李某因病住院治疗应享受六个月医疗期。五是职工患病或因工负伤治疗期间，在规定的医疗期内由企业按有关规定支付病假工资或疾病救济费。

郭律师据此作出谈话笔录，并为李某初步列出诉请清单，供李某参详。郭律师通过法律条文讲解、事情经过的盘问、耐心的解答，使李某得知诉讼的风险、证据的重要性、赔付标准和依据。

2018年2月14日，郭律师拟定仲裁申请书，向青山区劳动人事争议仲裁委员会提交，申请裁定武汉某有限公司支付李某医疗费9200.71元，退还押金1000元，支付病假工资8400元，违法解除劳动合同赔偿金11775元。

青山区劳动人事争议仲裁委员会于2018年4月4日开庭审理此案，庭审争议焦点围绕解除劳动合同是否合法，病假工资是否应当支付展开。仲裁机构认定李某因病住院治疗应享受6个月医疗期。武汉某有限公司2018年4月5日与申请人解除劳动合同，系违法解除；职工患病或因工负伤治疗期间，在规定的医疗期内由企业按有关规定支付病假工资或疾病救济费，病假工资或疾病救济费可以低于当地最低工资标准支付，但不能低于最低工资标准的80%。

2018年4月15日，青山区劳动人事争议仲裁委员会作出裁决：武汉某有限公司自本裁决生效之日起十日内向申请人支付医疗费7224.64元；武汉某有限公司自本裁决生效之日起十日内向申请人退还押金1000元，向申请人支付违法解除劳动合同赔偿金3925元，支付病假工资4200元。本裁决为终局裁决。

案件点评：

本案是一起较为普通的劳动争议纠纷，特殊之处在于法律援助申请人病危，仲裁委员会开庭时已不具备出庭的行动能力，由其配偶和律师代为出庭，申办法律援助之初，也不具备主动收集相关材料的能力。在这种情况下，法律援助机构没有生搬硬套，而是先行提供了法律援助，并当场指派律师承办，当场制作询问笔录，为受援人收集相关证据，体现了法援为民的精神。为了确保李某利益最大化，郭律师通过多方努力，运用专业的法律关系分析和法律条文适用技能，将纠纷圆满解决。

第二十二条　【对不予法律援助的决定提出异议】 申请人对法律援助机构不予法律援助的决定有异议的，应当自收到决定之日起十五日内向设立该法律援助机构的司法行政机关提出。

◖ **条文主旨**

本条是关于申请人对不予法律援助的决定提出异议的规定。

◖ **条文释义**

本条援引法律援助法第四十九条第一款的规定，申请人、受援人对法律援助机构不予法律援助、终止法律援助的决定有异议的，可以向设立该法律援助机构的司法行政部门提出。司法行政机关是法律援助机构的主管部门，对其工作进行指导与监督。因此，对于不服法律援助机构决定的异议，应当向直接设立该机构的司法行政部门提出。旧规定第十九条仅规定申请人对法律援助机构不予法律援助的决定有异议的，可以向主管该法律援助机构的司法行政机关提出，但并未明确时限，本规定则规定了具体的时限。提出异议属于申请人的权利救济，为了督促申请人行使权利以及方便法律援助机构的案件办理，申请人对不予法律援助的决定提出异议也应当受到时效的限制。参照

《全国民事行政法律援助服务规范》第 7.3.2 条第 a 款的要求，申请人可自接到不予法律援助决定书之日起十五日内向主管该法律援助机构的司法行政机关提出异议审查。

第二十三条　【司法行政机关对异议的审查】 司法行政机关应当自收到异议之日起五日内进行审查，认为申请人符合法律援助条件的，应当以书面形式责令法律援助机构对该申请人提供法律援助，同时书面告知申请人；认为申请人不符合法律援助条件的，应当作出维持法律援助机构不予法律援助的决定，书面告知申请人并说明理由。

申请人对司法行政机关维持法律援助机构决定不服的，可以依法申请行政复议或者提起行政诉讼。

● 条文主旨

本条是关于司法行政机关对不予法律援助的决定的异议审查的规定。

● 条文释义

旧规定并未对司法行政机关审查不予法律援助决定的时限进行明确，本条则援引法律援助法第四十九条第二款、第三款的规定，司法行政部门应当自收到异议之日起五日内进行审查，作出维持法律援助机构决定或者责令法律援助机构改正的决定。申请人、受援人对司法行政部门维持法律援助机构决定不服的，可以依法申请行政复议或者提起行政诉讼。

一、司法行政部门的审查

司法行政机关对于申请人就不予法律援助决定的异议进行审查，审查期限为五日，审查结果有两种，对应不同的处理决定。一是认为申请人符合法律援助条件。对于这种情况，应当责令法律援助机关对该申请人提供法律援助并告知申请人，且责令与告知均应当是书面的。二是认为申请人不符合法律援助条件。对于这种情况，应当作出维持法律援助机构不予法律援助的决定并告知申请人。为了让申请人更好地理解法律援助机构的决定，司法行政机关应当进行释法说理的工作，向申请人说明详细的理由，同时为申请人可能进行的其他救济活动提供指引，司法行政机构维持法律援助机构不予法律援助的决定应当书面告知申请人。

二、申请行政复议或者提起行政诉讼

根据旧规定第十九条，申请人对法律援助机构不予法律援助决定的救济止于向司法行政机关提出异议。本条援引法律援助法第四十九条的规定，进一步延伸申请人的救济路径，即申请人对司法行政部门维持法律援助机构决定不服的，可以依法申请行政复议或者提起行政诉讼。换言之，行政复议与行政诉讼是平行的两种救济措施，由申请人自行选择。

（一）申请行政复议

根据行政复议法第二十条第一款规定，公民、法人或者其他组织认为行政行为侵犯其合法权益的，可以自知道该行政行为之日起六十日内提出行政复议申请；但是法律规定的申请期限超过六十日的除外。司法行政机关维持法律援助机构决定属于具体行政行为，申请人不服的，可以申请行政复议。

（二）提起行政诉讼

根据行政诉讼法第四十四条第一款规定，对属于人民法院受案范围的行政案件，公民、法人或者其他组织可以先向行政机关申请复议，对复议决定不服的，再向人民法院提起诉讼；也可以直接向人民法院提起诉讼。

如果是申请行政复议后不服提起行政诉讼的，行政诉讼法第四十五条规定，公民、法人或者其他组织不服复议决定的，可以在收到复议决定书之日起十五日内向人民法院提起诉讼。复议机关逾期不作决定的，申请人可以在复议期满之日起十五日内向人民法院提起诉讼。法律另有规定的除外。行政复议法第二十九条规定，公民、法人或者其他组织申请行政复议，行政复议机关已经依法受理的，在行政复议期间内不得向人民法院提起行政诉讼。公民、法人或者其他组织向人民法院提起行政诉讼，人民法院已经依法受理的，不得申请行政复议。

如果是直接提起行政诉讼，行政诉讼法第四十六条第一款规定，公民、法人或者其他组织直接向人民法院提起诉讼的，应当自知道或者应当知道作出行政行为之日起六个月内提出。法律另有规定的除外。

⬤ **案例评析**

杨某诉山东省人民政府行政复议案①

案情简介：

杨某不服山东省青岛市市南区法律援助中心作出的不予法律援助决定，向青岛市市南区司法局提出异议。该局作出答复意见，认为该不予法律援助决定内容适当。杨某对该答复意见不服，向青岛市司法局申请行政复议。该局于 2013 年 10 月 23 日告知其所提复议申请已超过法定申请期限。杨某不服，向青岛市人民政府申请行政复议。该府于 2013 年 10 月 30 日告知其所提行政复议申请不符合行政复议受案条件。杨某不服，向山东省人民政府申请行政复

---

① 《最高人民法院行政审判十大典型案例（第一批）》，载《人民法院报》2017 年 6 月 14 日。

议。山东省人民政府于 2013 年 11 月 18 日对其作出不予受理行政复议申请决定。杨某不服，提起行政诉讼，请求撤销该不予受理决定，判令山东省人民政府赔偿损失。

山东省济南市中级人民法院一审判决驳回杨某的诉讼请求。山东省高级人民法院二审判决驳回上诉，维持一审判决。杨某向最高人民法院申请再审，最高人民法院裁定予以驳回。

最高人民法院认为，申请行政复议和提起行政诉讼是法律赋予公民、法人或者其他组织的权利，其可以在申请行政复议之后再行提起行政诉讼。但杨某在提起行政诉讼之前，针对同一事由连续申请了三级行政复议，明显且一再违反一级行政复议制度。对于明显违反复议制度的复议申请，行政复议机关不予受理后，申请人对此不服提起行政诉讼的，人民法院可以不予立案，或者在立案之后裁定驳回起诉。鉴于本案已经实际走完诉讼程序，原审法院经实体审理后亦未支持杨某的诉讼请求，故无必要通过审判监督程序提起再审后再行裁定驳回起诉。

案件点评：

本案穷尽了行政复议与行政诉讼两种救济措施。但也应当注意，当事人申请行政复议和提起行政诉讼应当具有利用复议制度和诉讼制度解决行政争议的正当性。人民法院既要充分保障当事人正当诉权的行使，又要引导、规范当事人行使权利。人民法院有义务识别、判断当事人的请求是否具有足以利用行政复议制度和行政诉讼制度加以解决的必要性，避免因缺乏诉的利益而不当行使诉权的情形发生，抵制滥用诉权的行为。

第四章 指 派

第二十四条 【指派法律援助人员的时间】 法律援助机构应当自作出给予法律援助决定之日起三日内依法指派律师事务所、基层法律服务所安排本所律师或者基层法律服务工作者，或者安排本机构具有律师资格或者法律职业资格的工作人员承办法律援助案件。

对于通知辩护或者通知代理的刑事法律援助案件，法律援助机构收到人民法院、人民检察院、公安机关要求指派律师的通知后，应当在三日内指派律师承办法律援助案件，并通知人民法院、人民检察院、公安机关。

☛ 条文主旨

本条是关于指派法律援助人员的时间的规定。

☛ 条文释义

法律援助机构决定给予法律援助，应当及时指派法律援助人员，即律师事务所的律师、基层法律服务所的法律服务工作者，或者法律援助机构具有律师资格或者法律职业资格的工作人员。

一、提供法律援助的人员

提供法律援助的人员有三种类型：一是律师事务所或者基层法律服务所的律师；二是基层法律服务所的基层法律服务工作者；三是法律援助机构的工作人员，要求具有律师资格或者法律职业资格。根据法律援助法第十二条的规定，法律援助机构负责组织实施法律援助工作，受理、审查法律援助申请，指派律师、基层法律服务工作者、法律援助志愿者等法律援助人员提供法律援助，支付法律援助补贴。该法第十三条规定，法律援助机构根据工作需要，可以安排本机构具有律师资格或者法律职业资格的工作人员提供法律援助。

二、指派时间

法律援助机构指派法律援助人员具有时效性要求。在旧规定第二十条中，民事、行政法律援助案件的指派时间为自作出给予法律援助决定之日起七个工作日内，刑事法律援助案件的指派时间为自作出给予法律援助决定或者收到指定辩护通知书之日起三个工作日内。本条援引法律援助法第四十三条的规定，对指派时间进行了统一，即要求自作出给予法律援助决定之日起三日内进行指派。该条规定，法律援助机构应当自收到法律援助申请之日起七日内进行审查，作出是否给予法律援助的决定。决定给予法律援助的，应当自作出决定之日起三日内指派法律援助人员为受援人提供法律援助；决定不给予法律援助的，应当书面告知申请人，并说明理由。指派时间的明确一方面有利于当事人得到及时的法律援助，另一方面规范了法律援助机构指派律师的工作流程。"三日"的设置主要参照刑事诉讼法中权利告知的时间要求。参照刑事诉讼法第三十四条第二款规定，侦查机关在第一次讯问犯罪嫌疑人或者对犯罪嫌疑人采取强制措施的时候，应当告知犯罪嫌疑人有权委托辩护人。人民检察院自收到移送审查起诉的案件材料之日起三日以内，应当告知犯罪嫌疑人有权委托辩护人。人民法院自受理案件之日起三日以内，应当告知被告人有权委托辩护人。犯罪嫌疑人、被告人在押期间要求委托辩护人的，人民法院、人民检察院和公安机关应当及时转达其要求。该法第四十六条第二款规定，人民检察院自收到移送审查起诉的案件材料之日起三日以内，应当告知被害人及其法定代理人或者其近亲属、附带民事诉讼的当事人及其法定代理人有权委托诉讼代理人。人民法院自受理自诉案件之日起三日以内，应当告知自诉人及其法定代理人、附带民事诉讼的当事人及其法定代理人有权委托诉讼代理人。

三、刑事法律援助

本条第二款是关于刑事案件中法律援助机构指派承办

律师的规定。在刑事案件中，为了更好地保障被追诉人的合法权益，除了经济困难的情形之外没有委托辩护人的，适用指派法律援助律师为其辩护。参照刑事诉讼法第三十五条的规定，对符合法律援助条件的，法律援助机构应当指派律师为其提供辩护。犯罪嫌疑人、被告人是盲、聋、哑人，或者是尚未完全丧失辨认或者控制自己行为能力的精神病人，没有委托辩护人的，人民法院、人民检察院和公安机关应当通知法律援助机构指派律师为其提供辩护。犯罪嫌疑人、被告人可能被判处无期徒刑、死刑，没有委托辩护人的，人民法院、人民检察院和公安机关应当通知法律援助机构指派律师为其提供辩护。根据法律援助法第二十七条的规定，人民法院、人民检察院、公安机关通知法律援助机构指派律师担任辩护人时，不得限制或者损害犯罪嫌疑人、被告人委托辩护人的权利。在刑事案件律师辩护全覆盖的改革中，也强调了刑事法律援助在其中的重要作用，参照《关于开展刑事案件律师辩护全覆盖试点工作的办法》第二条第二款至第五款的规定，被告人具有刑事诉讼法第三十四条、第二百六十七条规定应当通知辩护情形，没有委托辩护人的，人民法院应当通知法律援助机构指派律师为其提供辩护。除前款规定外，其他适用普通程序审理的一审案件、二审案件、按照审判监督程序审理的案件，被告人没有委托辩护人的，人民法院应当通知法律援助机构指派律师为其提供辩护。适用简易程序、速裁程序审理的案件，被告人没有辩护人的，人民法院应当通知法律援助机构派驻的值班律师为其提供法律帮助。在法律援助机构指派的律师或者被告人委托的律师为被告人提供辩护前，被告人及其近亲属可以提出法律帮助请求，人民法院应当通知法律援助机构派驻的值班律师为其提供法律帮助。

第二十五条　【法律援助人员的指派】 法律援助机构应当根据本机构、律师事务所、基层法律服务所的人员数量、专业特长、执业经验等因素，合理指派承办机构或者安排法律援助机构工作人员承办案件。

律师事务所、基层法律服务所收到指派后，应当及时安排本所律师、基层法律服务工作者承办法律援助案件。

● 条文主旨

本条是关于法律援助人员的指派的规定。

● 条文释义

法律援助机构指派法律援助人员，具体有两个环节：一是法律援助机构指派承办机构或者安排法律援助机构工作人员；二是作为承办机构的律师事务所、基层法律服务所收到指派后安排法律援助人员。

一、法律援助机构指派承办机构或安排法律援助机构工作人员

为了提高法律援助的质量，法律援助机构应当根据案件的具体需要以及当地法律援助资源的情况指派合理的承办机构或法律援助人员。具体而言，有如下考量因素：一是人员数量。针对我国法律援助资源配置不均衡的问题，中共中央办公厅、国务院办公厅《关于加快推进公共法律服务体系建设的意见》中强调，加强欠发达地区公共法律服务建设。统筹利用中央财政转移支付资金等资金渠道，加强公共法律服务经费保障，并对欠发达地区特别是革命老区、民族地区、边疆地区等予以倾斜。以公共法律服务平台建设、法律服务人才培养和村（居）法律顾问建设等为重点，集中实施一批法律服务扶贫项目，将其中属于政府职责范围且适宜通过市场化方式提供的服务事项纳入政府购买服务范围，引导社会力量参与提供。建立健全法律服务资源依法跨区域流动制度机制，支持欠发达地区律师事务所建设，鼓励律师事务所等法律服务机构到欠发达地区设立分支机构。鼓励发达地区法律服务机构通过对口援建、挂职锻炼、交流培训等形式支持欠发达地区法律服务机构发展。加强对欠发达地区引进法律服务专业人才和志愿者的政策扶持，持续推进"1+1"法律服务志愿者活动，支持利用互联网等方式开展远程法律服务。① 二是专业特长，根据《2022 年度律师、基层法律服务工作统计分析》的数据，2022 年在律师办理的 824.4 万多件诉讼案件中，刑事诉讼辩护及代理 99 万多件，占诉讼案件的 12.01%；民事诉讼代理 697.5 万多件，占诉讼案件的 84.61%；行政诉讼代理 25.4 万多件，占诉讼案件的 3.09%；代理申诉 2.3 万多件，占诉讼案件的 0.29%。② 其中，民事类案件的律师数量最多，但在法律援助工作中，刑事、行政类案件其实也不占少数，甚至更是法律援助工作的重点。三是执业经验，在法律援助工作中，涉农民工、未成年人等案件、重刑案件、劳动仲裁案件等，具有一定的特殊性与类别性，为了更好地提供法律援助，应当尽量指派有相关经验的法律援助人员。

在刑事案件法律援助中，参照《全国刑事法律援助服务规范》第 8.4.1 条第 b 款的要求，刑事法律援助承办机构应根据本机构的律师数量、资质、专业特长、承办法律援助案件情况、受援人意愿等因素确定承办律师。对于可

① 《关于加快推进公共法律服务体系建设的意见》，载中国政府网，https：//www.gov.cn/zhengce/2019-07/10/content_5408010.htm，最后访问时间：2023 年 7 月 7 日。

② 《2022 年度律师、基层法律服务工作统计分析》，载司法部网站，http：//www.moj.gov.cn/pub/sfbgw/zwxxgk/fdzdgknr/fdzdgknrtjjx/202306/t20230614_480740.html，最后访问时间：2023 年 7 月 7 日。

能判处死刑、无期徒刑的案件，应安排具有一定年限刑事辩护执业经历的律师担任辩护人；对于未成年人刑事案件，应安排熟悉未成年人身心特点的律师办理；对于盲、聋、哑人或外国人（无国籍人）及不通晓当地语言的受援人，应为承办律师安排必要翻译人员。

在民事、行政类案件的法律援助中，参照《全国民事行政法律援助服务规范》第 7.4.1.1 条的要求，应根据当地民事行政法律援助承办机构的分布情况、人员数量、资质、专业特长以及受援人意愿、案由案情等因素，合理确定承办机构和承办人员；不应指派或安排与案件审理结果有利害关系及有其它利益冲突、可能损害受援人利益的机构和人员；受援人为未成年人或女性的，具备条件的应优先指派熟悉未成年人或女性身心特点的承办人员办理；对有重大社会影响、存在矛盾纠纷激化隐患和可能影响社会稳定的重大疑难复杂案件，可指派或安排熟悉相关业务的承办人员办理，并指导其向办案机关寻求必要支持。同时，对群体性法律援助案件，应根据受援人数量和可用承办人员数量等因素决定指派承办人员的数量；同一案件双方均为受援人的，不应指派同一承办人员或同一承办机构的人员。但受援人双方书面同意的，可指派给同一承办机构的不同人员。

二、律师事务所、基层法律服务所安排法律援助人员

为了让受援人能够及时得到法律援助，尽快开展相关的法律活动，律师事务所、基层法律服务所收到指派后，应当及时安排本所律师、基层法律服务工作者承办法律援助案件。根据《全国民事行政法律援助服务规范》第7.5.2.1条的要求，承办人员应在收到指派通知书之日起五个工作日内约见受援人或者其法定代理人、近亲属，了解以下事项：（1）案件事实经过、经司法程序处理背景、争议焦点和诉讼时效等基本情况；（2）受援人的诉求；（3）案件相关证据材料及证据线索。

第二十六条　【特殊法律援助人员的指派】 对可能被判处无期徒刑、死刑的人，以及死刑复核案件的被告人，法律援助机构收到人民法院、人民检察院、公安机关通知后，应当指派具有三年以上刑事辩护经历的律师担任辩护人。

对于未成年人刑事案件，法律援助机构收到人民法院、人民检察院、公安机关通知后，应当指派熟悉未成年人身心特点的律师担任辩护人。

● 条文主旨

本条是关于特殊法律援助人员的指派的规定。

● 条文释义

本条规定了两种特殊案件，即重刑案件和未成年人案件中，法律援助机构在指派律师时的特殊要求。具体而言，被告人可能判处无期、死刑案件中的辩护人应当具有较为丰富的刑事辩护经验。未成年人刑事案件中的辩护人则应当熟悉未成年人身心特点。

一、被告人可能判处无期、死刑案件中辩护人的特殊要求

　　刑事诉讼关乎犯罪嫌疑人、被告人人身自由甚至是生命，特别是可能被判处无期徒刑、死刑的人，以及死刑复核案件的被告人，将面临最为严峻的处境。一方面，这类刑罚是最严厉的。即便有减刑、假释的政策，也是非常严格的。根据《最高人民法院关于办理减刑、假释案件具体应用法律的补充规定》第三条规定，被判处无期徒刑，符合减刑条件的，执行四年以上方可减刑。确有悔改表现或者有立功表现的，可以减为二十三年有期徒刑；确有悔改表现并有立功表现的，可以减为二十二年以上二十三年以下有期徒刑；有重大立功表现的，可以减为二十一年以上二十二年以下有期徒刑。无期徒刑减为有期徒刑后再减刑时，减刑幅度比照本规定第二条的规定执行。两次减刑之间应当间隔二年以上。该规定第四条规定，被判处死刑缓期执行的，减为无期徒刑后，符合减刑条件的，执行四年以上方可减刑。确有悔改表现或者有立功表现的，可以减为二十五年有期徒刑；确有悔改表现并有立功表现的，可

以减为二十四年六个月以上二十五年以下有期徒刑；有重
大立功表现的，可以减为二十四年以上二十四年六个月以
下有期徒刑。减为有期徒刑后再减刑时，减刑幅度比照本
规定第二条的规定执行。两次减刑之间应当间隔二年以
上。① 此外，根据刑法第五十条的规定，对被判处死刑缓
期执行的累犯以及因故意杀人、强奸、抢劫、绑架、放
火、爆炸、投放危险物质或者有组织的暴力性犯罪被判处
死刑缓期执行的犯罪分子，人民法院根据犯罪情节等情况
可以同时决定对其限制减刑。因此，可能被判处无期徒
刑、死刑的人，以及死刑复核案件的被告人或将面临最严
重的刑罚。另一方面，死刑具有不可回转性。对于其他案
件，如有错误可以通过审判监督程序予以纠正，但对于死
刑案件，被告人一旦被判决并执行死刑，错判的后果便无
法弥补。我国当前也是坚持严格控制死刑与慎重适用死刑
的政策。综上，对于这部分案件，法律援助的律师应当更
加专业且辩护经验丰富，因而应当指派具有三年以上刑事
辩护经历的律师担任辩护人。

二、未成年人刑事案件中辩护人的特殊要求

　　未成年人在年龄阶段上仍然处于生理与心理的发育

---

　　① 《最高人民法院关于办理减刑、假释案件具体应用法律的补充规
定》，载国家法律法规数据库，https：//flk. npc. gov. cn/detail2. html？MmM
5MGU1YmE2YTI5MWQ4ZjAxNmM3YjE3NTY2MTNhMDU，最后访问时间：
2023 年 7 月 10 日。

期，对于自己行为的认知与控制能力较差，因此不论是民事层面还是刑事层面均不认为未成年人能够完全为自己的行为负责。特别是在未成年人刑事案件中，需要对未成年犯罪嫌疑人给予特殊保护。未成年人保护法中明确保护未成年人，应当坚持最有利于未成年人的原则。处理涉及未成年人事项，应当符合下列要求：（1）给予未成年人特殊、优先保护；（2）尊重未成年人人格尊严；（3）保护未成年人隐私权和个人信息；（4）适应未成年人身心健康发展的规律和特点；（5）听取未成年人的意见；（6）保护与教育相结合。特别是在未成年人刑事案件中，法律援助应当给予未成年人特殊保护。一方面，未成年人刑事司法的基本理念较为特殊。不同于传统刑事司法，未成年人刑事司法强调未成年被追诉人顺利回归社会，未成年人保护法与刑事诉讼法明确未成年人司法活动应当遵循教育、感化、挽救的基本方针，坚持"教育为主，惩罚为辅"的基本方针。另一方面，未成年人刑事司法专业性要求较高。未成年人生理、心理发育尚不成熟，因此办理未成年人刑事案件需要具有专业法律知识、心理知识甚至医学知识的专业人员。综上，办理未成年人刑事案件的司法工作人员应当熟悉未成年人身心特点和未成年人刑事案件办理的基本理念。

■ **案例评析**

吉林省吉林市丰满区法律援助中心为未成年人
张某某等 5 人涉嫌盗窃罪提供法律援助案①

案情简介：

2020 年 10 月 11 日，某职业学校学生张某某与同学薛某某在下课期间进入校内超市购物，张某某在薛某某不知情的情况下，故意将一块巧克力藏匿于自己包内，随即离开超市。回到寝室内，张某某将盗窃的手段和方式告知同班好友薛某某、王某某、牛某某、马某某（均为未成年人），并将盗窃所得巧克力与其 4 人分食。经在场的牛某某提议，当晚牛某某与张某某来到校内的超市实施盗窃，到达超市后，二人因心理因素，主动放弃实施盗窃。二人回到寝室后，牛某某邀约马某某、王某某、薛某某到校内超市实施盗窃，第二日下课后晚 7 时，以上 5 人来到校内超市实施盗窃，将盗取的 7 块巧克力分食。10 月 14 日，在张某某的提议下，以上 5 人再次决定对超市进行盗窃，并共同研究制定了专人拿购物筐、专人撑购物袋，假装将

---

① 《吉林省吉林市丰满区法律援助中心为未成年人张某某等 5 人涉嫌盗窃罪提供法律援助案》，载中国法律服务网司法行政（法律服务）案例库，http：//alk. 12348. gov. cn/Detail？ dbID = 46&sysID = 23587，最后访问日期：2023 年 7 月 11 日。

购买的食物全部汇总结账的计划，相互协同、掩护，将盗窃来的物品藏匿于衣、裤兜内，随即从超市入口离开。盗窃成功后，5 人回到寝室将盗窃的香肠、牛奶分食。此次盗窃成功后，5 人形成了稳定的团伙分工和盗窃犯意联络。截至 2020 年 10 月 31 日，5 人分 9 天共盗窃作案 9 次（张某某分 10 天盗窃超市财物 10 次），盗得牛奶、巧克力、香肠、充电宝、蓝牙耳机等物品。经吉林市发展和改革委员会价格认定，上述超市被盗财物价值合计人民币 892.86 元。张某某、薛某某、牛某某、马某某、王某某 5 人因犯盗窃罪，于 2020 年 11 月 4 日被吉林市公安局高新分局取保候审。高新分局侦查终结后，以张某某、薛某某、牛某某、马某某、王某某涉嫌盗窃罪，于 2020 年 12 月 14 日向吉林市高新区人民检察院移送审查起诉。高新区人民检察院受案后，向吉林市丰满区法律援助中心发出通知辩护函，请法律援助中心指派律师为上述 5 名嫌疑人提供法律援助。

丰满区法律援助中心负责人接案后，根据起诉意见书内容，详细了解并研究了案情，因案件涉及未成年人且人数较多，负责人立即向丰满区司法局主要领导汇报。经与主要领导研究后，于收案当日，指派了 A 律师事务所姜律师、A 律师事务所张律师、B 律师事务所温律师、C 律师事务所唐律师、D 律师事务所山律师，为 5 名未成年人依法提供辩护，该5名律师均为熟悉未成年人身心特点且办案经验丰富的律师。

在律师阅卷和会见完成后，丰满区法律援助中心负责人分别听取了律师的辩护方向和代理意见，了解了律师的办理思路，确定依法依规积极为当事人争取相对不起诉。2020年12月24日，山律师向法律援助中心汇报，高新区人民检察院将于近日将案件移送到高新区人民法院。鉴于此种情况，丰满区法律援助中心负责人再次与5名辩护律师沟通和交换意见后，主动联系高新区人民检察院案件承办检察官，提出了鉴于犯罪情节较轻，是否可以对5名未成年人从教育和挽救的原则出发，作出不起诉决定的意见，同时，也听取了检察官的办案意见。经沟通了解，检察官表示最初也倾向于本案可以作相对不诉处理。在案发后，某职业学校对5名学生作出了劝退处理，5名学生分别办理了退学和转学手续，由于5名学生均不是吉林市本地生源，检察院在办案过程中，提出希望5名犯罪嫌疑人留在吉林市继续上学，若作出不起诉决定，也有利于检察机关后续集中进行跟踪帮教，更不希望出现辍学或失学情形，但部分学生家长因种种原因拒不配合工作，因此，检察机关决定将案件移送法院审理。了解了情况后，丰满区法律援助中心负责人与办案检察官商定：法律援助中心与律师一起做学生和家长工作，争取家长同意将孩子留在吉林市上学，以便后续做帮教工作。检察官再与吉林某职业学校沟通协商，争取学校同意接收 5 名未成年人回校读书。商定后，法律援助中心负责人分别联系 5 名家长，逐个沟通了解家长的想法与顾虑，同时释明法律规定，建议从孩子的一生长远考虑，权衡利弊，做出正确选择。经过逐个谈心谈话，最终所有家长表示同意配合检察机关工作，让孩子留在吉林市继续求学。同时，辩护律师指导 5 名未成年人的家长，到孩子就读学校及被盗超市进行沟通和赔偿，以期得到被害人和学校的谅解。辩护律师从法律规定及其体现的精神出发，结合本案案情向检察机关提出建议相对不起诉的辩护意见。

检察机关经充分听取丰满区法援中心及辩护律师的意见，对 5 名未成年嫌疑人的就读学校进行了走访，并对嫌疑人做了社会背景调查，得到了有利于不起诉的反馈意见。

2020 年 12 月 30 日，吉林市高新区人民检察院召开本案听证会，5 名未成年人嫌疑人及其家长、辩护律师及相关各界人士参会。检察机关认为，被不起诉人张某某等 5 人实施了《中华人民共和国刑法》第二百六十四条规定的行为，但具有未成年人犯罪、犯罪情节轻微、认罪认罚、与被害人达成刑事和解、赔偿被害人全部损失等情节，根据《中华人民共和国刑法》第三十七条的规定，可以免除刑罚。依据《中华人民共和国刑事诉讼法》第二百九十条、第一百七十七条第二款,《未成年人刑事检察工作指引(试行)》第一百七十六条第二款的规定,决定对张某某等5人不起诉。会后,承办检察官向张某某等5人及辩护律师分别送达了不起诉决定书。

案件点评:

在本案中,丰满区法律援助中心接案之初,检察机关本有提起公诉的考虑。但法律援助中心为每一名未成年犯罪嫌疑人都指派了辩护人,他们对未成年人刑事司法较为了解,经验也比较丰富。在案件的办理过程中选择适合未成年人犯罪嫌疑人的处理方式,积极进行沟通,为他们争取诉讼权益。经法律援助中心主动与检察机关沟通和与辩护律师交换意见,辩护律师对5名未成年嫌疑人及其家长进行了有效指导,并向检察机关充分表达辩护意见,最终达到理想效果。

第二十七条 【委托协议和授权委托书的签订】

法律援助人员所属单位应当自安排或者收到指派之日起五日内与受援人或者其法定代理人、近亲属签订委托协议和授权委托书,但因受援人原因或者其他客观原因无法按时签订的除外。

☛ 条文主旨

本条是关于法律援助人员与受援人或者其法定代理

人、近亲属签订委托协议和授权委托书的规定。

◖ 条文释义

在法律援助工作中，委托协议和授权委托书是重要的法律文书。旧规定第二十二条规定，法律援助机构、律师事务所、基层法律服务所或者其他社会组织应当自指派或者安排法律援助人员之日起五个工作日内将法律援助人员姓名和联系方式告知受援人，并与受援人或者其法定代理人、近亲属签订委托代理协议，但因受援人的原因无法按时签订的除外。参照法律援助法关于时限的规定均为"日"，因此本规定中的时限也相应由"工作日"统一为自然日。

参照《全国刑事法律援助服务规范》第 8.4.1 条第 c 款的规定，对于申请类案件，法律援助承办机构应将承办律师姓名和联系方式告知受援人或者其法定代理人、近亲属，承办律师与受援人或者其法定代理人、近亲属签订委托辩护（代理）协议和授权委托书，明确双方权利义务，并告知不收取任何法律服务费用。《全国民事行政法律援助服务规范》第 7.5.1.1 条第 b 款也明确应将承办人员姓名和联系方式告知受援人，并与受援人或者其法定代理人、近亲属签订委托代理协议，明确约定双方的权利和义务。一方面，委托协议和授权委托书是法律援助人员与受援人或者其法定代理人、近亲属之间的法律关系确认凭证。签订委托协议与授权委托书后，法律援助人员有义务为受援人或者其法定代理人、近亲属提供符合质量要求的法律援助服务，同时也享有辩护人或者代理律师的权利，如会见、阅卷或者调查取证等。另一方面，委托协议和授权委托书明确了法律援助人员的权利与义务。一般代理包含调查取证、出庭应诉、代领诉讼文书的内容，特别代理包含代为承认、放弃、变更诉讼请求，进行和解、提起反诉或上诉的内容。在此过程中如果出现异议或其他问题，委托协议与授权委托书将成为法律援助人员或者受援人或其法定代理人、近亲属进行救济的依据。

第二十八条 【刑事案件另行委托辩护人的处理】 法律援助机构已指派律师为犯罪嫌疑人、被告人提供辩护，犯罪嫌疑人、被告人的监护人或者近亲属又代为委托辩护人，犯罪嫌疑人、被告人决定接受委托辩护的，律师应当及时向法律援助机构报告。法律援助机构按照有关规定进行处理。

◗ 条文主旨

本条是关于刑事案件中犯罪嫌疑人、被告人的监护人或者近亲属又代为委托辩护人的规定。

● 条文释义

在刑事案件的指定辩护中，经济困难并非唯一原因，只要符合法定条件，法律援助机构就可以为犯罪嫌疑人、被告人指派辩护人。基于此，司法实践中就有可能出现法律援助机构已指派律师为犯罪嫌疑人、被告人提供辩护，犯罪嫌疑人、被告人的监护人或者近亲属又代为委托辩护人的情况。

一、应当由犯罪嫌疑人、被告人决定接受法律援助或者是委托辩护

在刑事司法实践中，应当注意到，犯罪嫌疑人、被告人的利益与其监护人或者近亲属的利益不一定是完全一致的。甚至很多情况下，两者的利益诉求是分歧较大的，因此应当由犯罪嫌疑人、被告人决定接受法律援助或者是委托辩护，也即应当尊重犯罪嫌疑人、被告人的自决权。具体而言，这种自决权体现在如下三个方面：

第一，法律援助或者是委托辩护均来源于犯罪嫌疑人、被告人的基本权利。根据宪法第一百三十条规定，被告人有权获得辩护。获得辩护是犯罪嫌疑人、被告人的一项宪法性的基本权利。刑事诉讼法第三十三条第一款也规定，犯罪嫌疑人、被告人除自己行使辩护权以外，还可以委托一至二人作为辩护人。犯罪嫌疑人、被告人在押的，

该法第三十四条第三款也明确可以由其监护人、近亲属代为委托辩护人，但辩护人接受犯罪嫌疑人、被告人委托后，应当及时告知办理案件的机关。之所以出现法律援助机构已指派律师为犯罪嫌疑人、被告人提供辩护，犯罪嫌疑人、被告人的监护人或者近亲属又代为委托辩护人的情况，最主要的原因是犯罪嫌疑人、被告人在押，与其监护人或近亲属沟通不畅。但需要注意的是，虽然犯罪嫌疑人、被告人在押，但其获得辩护的权利是不可剥夺的，换言之，辩护人的权利仍然来源于犯罪嫌疑人、被告人。《最高人民法院关于适用〈中华人民共和国刑事诉讼法〉的解释》第五十一条规定，对法律援助机构指派律师为被告人提供辩护，被告人的监护人、近亲属又代为委托辩护人的，应当听取被告人的意见，由其确定辩护人人选。但在一些案件中，法律援助却被异化为"占坑式法援"或"占坑式辩护"。有的公检法机关强行为被追诉人指派法律援助律师并强迫被追诉人或其亲属放弃委托律师，或者阻碍当事人及其亲属委托律师。① 应当认识到，"占坑式法援"或"占坑式辩护"一方面对于犯罪嫌疑人、被告人获得辩护的权利以及自决权是较为严重的侵害，另一方面也是对法律援助资源的极大浪费，应当进行解决。法律援助

---

① 参见沈磊、邵聪：《论"占坑式法援"及其治理》，载《江苏警官学院学报》2023 年第 1 期。

法在这一问题上已经予以了明确，肯定了委托辩护优先的原则，同时也规避了自愿选择在实践中可能出现的异化问题。该法第二十七条的规定，人民法院、人民检察院、公安机关通知法律援助机构指派律师担任辩护人时，不得限制或者损害犯罪嫌疑人、被告人委托辩护人的权利。该法第四十八条规定，受援人自行委托律师或者其他代理人的，法律援助机构应当作出终止法律援助的决定。此外，根据《人民检察院办理认罪认罚案件开展量刑建议工作的指导意见》，犯罪嫌疑人是未成年人的，应当听取其监护人意见。①

　　第二，被羁押的犯罪嫌疑人、被告人委托辩护人、申请法律援助的渠道是畅通的。根据刑事诉讼法第三十四条第二款的规定，侦查机关在第一次讯问犯罪嫌疑人或者对犯罪嫌疑人采取强制措施的时候，应当告知犯罪嫌疑人有权委托辩护人。人民检察院自收到移送审查起诉的案件材料之日起三日以内，应当告知犯罪嫌疑人有权委托辩护人。人民法院自受理案件之日起三日以内，应当告知被告人有权委托辩护人。犯罪嫌疑人、被告人在押期间要求委托辩护人的，人民法院、人民检察院和公安机关应当及时

---

① 《人民检察院办理认罪认罚案件开展量刑建议工作的指导意见》，载最高人民检察院网站，https：//www.spp.gov.cn/xwfbh/wsfbt/202112/t2021122 20_539038.shtml#2，最后访问时间：2023 年 7 月 5 日。

转达其要求。本规定第十二条也明确被羁押的犯罪嫌疑人、被告人、服刑人员以及强制隔离戒毒人员等提出法律援助申请的，可以通过办案机关或者监管场所转交申请。办案机关、监管场所应当在二十四小时内将申请材料转交法律援助机构。犯罪嫌疑人、被告人通过值班律师提出代理、刑事辩护等法律援助申请的，值班律师应当在二十四小时内将申请材料转交法律援助机构。

第三，犯罪嫌疑人、被告人有权拒绝律援助机构指派的律师。参照《关于开展刑事案件律师辩护全覆盖试点工作的办法》第六条规定，被告人拒绝法律援助机构指派的律师为其辩护的，人民法院应当查明拒绝的原因，有正当理由的，应当准许，同时告知被告人需另行委托辩护人。被告人未另行委托辩护人的，人民法院应当及时通知法律援助机构另行指派律师为其提供辩护。应当通知辩护的案件，被告人坚持自己辩护，拒绝法律援助机构指派的律师为其辩护，人民法院准许的，法律援助机构应当作出终止法律援助的决定；对于有正当理由要求更换律师的，法律援助机构应当另行指派律师为其提供辩护。

二、犯罪嫌疑人、被告人决定接受委托辩护后的处理

犯罪嫌疑人、被告人行使其处分权，可以选择决定接受委托辩护。但律师应当及时向法律援助机构报告。犯罪嫌疑人、被告人委托辩护，已经不再符合法律援助的条件，已经实现了获得辩护的权利。为了避免法律援助资源的浪费，律师应当及时向法律援助机构报告。根据法律援助法第四十八条的规定，受援人自行委托律师或者其他代理人的，法律援助机构应当作出终止法律援助的决定。最高人民法院、司法部《关于扩大刑事案件律师辩护全覆盖试点范围的通知》也强调人民法院发现被告人及其家属已经另行委托辩护人的，应即时把有关情况反馈给法律援助机构，避免浪费资源。①

---

① 《关于扩大刑事案件律师辩护全覆盖试点范围的通知》，载司法部网站，http：//www. moj. gov. cn/pub/sfbgw/zwxxgk/fdzdgknr/fdzdgknrtzwj/2021 01/t20210128_207771. html，最后访问时间：2023 年 7 月 10 日。

第五章 承 办

第二十九条 【刑事辩护法律援助案件的承办】
律师承办刑事辩护法律援助案件，应当依法及时会见犯罪嫌疑人、被告人，了解案件情况并制作笔录。笔录应当经犯罪嫌疑人、被告人确认无误后签名或者按指印。犯罪嫌疑人、被告人无阅读能力的，律师应当向犯罪嫌疑人、被告人宣读笔录，并在笔录上载明。

对于通知辩护的案件，律师应当在首次会见犯罪嫌疑人、被告人时，询问是否同意为其辩护，并记录在案。犯罪嫌疑人、被告人不同意的，律师应当书面告知人民法院、人民检察院、公安机关和法律援助机构。

● 条文主旨

本条是关于律师承办刑事辩护法律援助案件需履行之职责以及通知辩护情形的规定。

● 条文释义

刑事法律援助制度是法律援助制度的最初形式。律师承办刑事辩护法律援助案件，应当及时会见犯罪嫌疑人、被告人，了解案件情况并制作笔录。本条在旧规定第二十六条的基础上，增加规定律师会见犯罪嫌疑人、被告人时应当履行的职责，以及通知辩护情形下事先询问的内容。

一、律师承办刑事辩护法律援助案件的会见要求

会见犯罪嫌疑人，是刑事辩护律师享有的权利之一，是其为犯罪嫌疑人提供法律援助的重要内容，同时也是其履行辩护职责的主要方式。

根据刑事诉讼法第三十九条，律师法第三十三条，《人民检察院刑事诉讼规则》第四十八条，《最高人民法院、最高人民检察院、公安部、国家安全部、司法部关于依法保障律师执业权利的规定》第七条、第九条以及《最高人民法院、最高人民检察院、公安部、国家安全部、司法部、全国人大常委会法制工作委员会关于实施刑事诉讼法若干问题的规定》第七条的规定，辩护律师可以同在押的犯罪嫌疑人、被告人会见，看守所不得附加其他条件，并应当及时安排会见。辩护律师会见犯罪嫌疑人、被告人，可以了解案件有关情况，并提供法律咨询。

刑事辩护律师应当认真履行职务。根据律师法第三十二条第二款、第四十二条的规定，辩护律师被指定担任辩护人后，有义务为犯罪嫌疑人、被告人进行辩护，并且应当负责到底，无正当理由，不得随意拒绝提供辩护。同时，律师及律师事务所应当按照国家规定履行法律援助义务，应当为受援人提供符合标准的法律服务，维护受援人的合法权益。

法律援助人员会见犯罪嫌疑人、被告人的要求贯穿于刑事法律援助案件办理的全过程。根据《全国刑事法律援助服务规范》第8.5.1.1条关于刑事法律援助律师工作基本要求的规定，承办律师应及时会见受援人，且确保每个诉讼阶段至少会见受援人一次。首次会见时应告知法律援助提供无偿法律服务的性质，表明承办律师身份，询问受援人是否同意为其辩护并记录在案。在侦查阶段，《全国刑事法律援助服务规范》第8.5.1.2条第b款规定，法律援助人员应及时会见在押的犯罪嫌疑人，为其提供法律咨询，告知有关诉讼权利，认真听取受援人的陈述和辩解。对于危害国家安全犯罪、恐怖活动犯罪，法律援助人员会见在押犯罪嫌疑人时，应向侦查机关提出会见申请。同时，《全国刑事法律援助服务规范》第8.5.1.3条第c款、第d款规定了法律援助人员在案件审查起诉阶段会见犯罪嫌疑人的具体要求，即在案件的审查起诉阶段，法律援助人员同样应及时会见在押的犯罪嫌疑人，听取其陈述和辩解，核实有关证据，征询刑事辩护意见，告知其诉讼权利义务及其风险，解答法律咨询，提供法律帮助，并制作会见笔录附卷归档。法律援助人员会见犯罪嫌疑人时，主要核实的案件情况为：是否与起诉书指控的罪名和事实相一致，是否有自首、立功或者有利于犯罪嫌疑人的其他信息或者证据。在认罪认罚案件中，承办律师则应重点审查犯罪嫌疑人认罪认罚的自愿性，以及是否有足够的证据证明其实施了指控的犯罪。除此之外，《全国刑事法律援助服务规范》亦在第 8.5.1.4 条第 c 款规定法律援助人员在审判阶段应会见被告人，认真听取被告人的陈述和辩解，发现、核实、澄清案件事实和证据材料中的矛盾和疑点。会见时，应向被告人介绍法庭审理程序，征询辩护意见，告知权利义务和风险及应注意的事项，制作会见笔录并附卷归档。

二、犯罪嫌疑人、被告人对律师制作笔录的确认

在刑事案件中，律师会见犯罪嫌疑人、被告人，应当就其通过交流了解到的案件情况制作笔录，刑事法律援助案件亦是如此。根据《全国刑事法律援助服务规范》第 8.5.1.1 条第 j 款的规定，在案件办理过程中，法律援助人员应及时向受援人提供咨询和法律意见，告知案件办理情况，填写相应的法律援助文书并附卷归档。同时，《全国刑事法律援助服务规范》亦在第 8.5.1.2 条第 e 款规定法律援助人员应在会见和了解案件主要事实的基础上，根据事实和法律，提出犯罪嫌疑人无罪、罪轻或者减轻、免除其刑事责任的材料和意见，在案件侦查终结前向侦查机关提交书面意见，并将副本附卷归档。笔录制作完成后，应

当交由犯罪嫌疑人、被告人书面确认，确认无误后在笔录上签字或按指印。对于没有阅读能力的犯罪嫌疑人、被告人，为保障其知晓笔录所载内容，律师可以向其宣读笔录，并就此情况在笔录上载明。

三、通知辩护案件的首次会见程序

根据刑事诉讼法第三十五条和第二百七十八条的规定，向犯罪嫌疑人、被告人提供法律援助，分为申请指派律师援助和法定指派律师援助两种情形。同时需要指出的是，随着值班律师制度的确立，《最高人民法院、司法部关于开展刑事案件律师辩护全覆盖试点工作的办法》进一步扩大了刑事法律援助的范围。就此，法律援助法在第三十六条就刑事案件中司法机关通知指派律师的相关程序进行了规定。根据《最高人民法院、司法部关于开展刑事案件律师辩护全覆盖试点工作的办法》第二条规定，对于适用普通程序审理的案件，被告人没有委托辩护人的，人民法院应当通知法律援助机构指派律师为其提供辩护。适用简易程序、速裁程序审理的案件，被告人没有辩护人的，人民法院应当通知法律援助机构派驻的值班律师为其提供法律帮助。

与民事案件、行政案件相比，刑事案件对犯罪嫌疑人、被告人的基本权利剥夺程度可能更甚，往往涉及自由权与生命权，因此对于有效辩护的需求更高。因此，在刑事案件中保障犯罪嫌疑人、被告人获得辩护的权利至关重要。根据刑事诉讼法第三十三条第一款的规定，犯罪嫌疑人、被告人除自己行使辩护权以外，还可以委托一至二人作为辩护人。下列人员可以被委托为辩护人：律师；人民团体或者犯罪嫌疑人、被告人所在单位推荐的人；犯罪嫌疑人、被告人的监护人、亲友。对于业已被限制人身自由的犯罪嫌疑人、被告人而言，应当充分保障其获得律师辩护的权利，该权利体系中，自然包含其是否愿意接受特定的法律援助人员为其提供帮助以及对应的拒绝权利。

与自行聘请辩护律师和申请指派律师援助中犯罪嫌疑人、被告人发挥的主动性相比，在通知辩护的刑事法律援助案件中，作为受援人的犯罪嫌疑人、被告人只是单纯被动地接受了法律援助服务。对此，法律援助法就保护犯罪嫌疑人、被告人的委托辩护权进行了规定。根据法律援助法第二十七条的规定，人民法院、人民检察院、公安机关通知法律援助机构指派律师担任辩护人时，不得限制或者损害犯罪嫌疑人、被告人委托辩护人的权利。由是观之，为犯罪嫌疑人、被告人提供法律援助不应当对其自行寻求律师帮助的权利产生不利影响。因此，对于通知辩护的案件，法律援助人员应当在首次会见犯罪嫌疑人、被告人时，询问其是否同意由自己提供辩护。如果犯罪嫌疑人、被告人拒绝法律援助人员为其提供法律援助，则应当记录在案，并及时通知人民法院、人民检察院、公安机关等。

四、犯罪嫌疑人、被告人拒绝指派法律援助人员的程序处理

对于犯罪嫌疑人、被告人拒绝指派的法律援助人员向其提供法律援助，后续应当如何处理的问题，司法文件有明确规定。根据《最高人民法院、司法部关于开展刑事案件律师辩护全覆盖试点工作的办法》第六条、《最高人民法院关于适用〈中华人民共和国刑事诉讼法〉的解释》第五十条和《人民检察院刑事诉讼规则》第四十四条的规定，犯罪嫌疑人、被告人如果拒绝指派的法律援助人员作为其辩护人，人民检察院和人民法院应当查明原因。有正当理由的，应当准许，但犯罪嫌疑人、被告人需要另行委托辩护人。犯罪嫌疑人、被告人未另行委托辩护人的，人民检察院和人民法院则需要书面通知法律援助机构另行指派法律援助人员为其提供辩护。同时，《最高人民法院、司法部关于开展刑事案件律师辩护全覆盖试点工作的办法》第六条第二款还规定了"被告人坚持自己辩护，拒绝法律援助机构指派的律师为其辩护，人民法院准许的，法律援助机构应当作出终止法律援助的决定"。因此，在赋予受援人拒绝指派的法律援助人员向其提供法律援助之权利的前提下，如果法律援助人员在会见受援人后，受援人拒绝其提供法律援助服务，应当准许，并书面告知人民法院、人民检察院、公安机关和法律援助机构。

第三十条   【法律援助人员约见与告知事项】 法律援助人员承办刑事代理、民事、行政等法律援助案件，应当约见受援人或者其法定代理人、近亲属，了解案件情况并制作笔录，但因受援人原因无法按时约见的除外。

法律援助人员首次约见受援人或者其法定代理人、近亲属时，应当告知下列事项：

（一）法律援助人员的代理职责；

（二）发现受援人可能符合司法救助条件的，告知其申请方式和途径；

（三）本案主要诉讼风险及法律后果；

（四）受援人在诉讼中的权利和义务。

☛ **条文主旨**

本条是关于法律援助人员约见受援人或其法定代理人、近亲属以及首次约见告知事项的规定。

☛ **条文释义**

本条除纳入旧规定第二十五条申请司法救助作为告知事项外，另行对法律援助人员办理法律援助案件应当约见受援人或其法定代理人、近亲属以及告知其他事项的义务加以明确。

一、法律援助人员承办法律援助案件的约见要求

该条文规定法律援助人员承办刑事代理、民事、行政等法律援助案件初次会见受援人或者其法定代理人、近亲属的要求和告知事项，目的在于保障刑事代理、民事、行政等法律援助案件办理的及时性、有效性。

根据法律援助法第二十二条的规定，法律援助机构可以组织法律援助人员依法提供以下几种形式的法律援助服务：刑事辩护与代理；民事案件、行政案件、国家赔偿案件的诉讼代理及非诉讼代理；劳动争议调解与仲裁代理，等等。由此可见，法律援助人员可以承办的案件范围较为广泛。

法律援助人员在承办刑事代理、民事、行政等法律援助案件时，应当全面了解案件事实，以便于提供高质量法律援助服务。约见受援人或者其法定代理人、近亲属，了解案件情况，是法律援助人员了解案件情况的主要途径。根据《全国民事行政法律援助服务规范》第 7.5.2.1 条关于承办人员约见受援人的要求，法律援助人员应在收到指派通知书之日起 5 个工作日内约见受援人或者其法定代理人、近亲属，了解以下事项：案件事实经过、经司法程序处理背景、争议焦点和诉讼时效等基本情况；受援人的诉求；案件相关证据材料及证据线索。

法律援助人员就上述事项与受援人或者其法定代理人、近亲属进行交流后，应当将其所了解到的案件情况制作笔录。根据《全国民事行政法律援助服务规范》第7.5.2.2条的规定，承办人员约见受援人或其法定代理人、近亲属，需要遵循如下要求：一是应制作谈话笔录，受援人确认内容无误后可在谈话笔录上签名或者捺印。受援人无阅读能力的，承办人员应向受援人宣读笔录，并在笔录上载明；二是向受援人通报案件办理情况，与其商定代理方案、和解或者调解方案及申请财产保全、证据保全、先予执行等；三是建立案件卷宗，整理受援人提供的案件材料，规范制作法律文书；四是对行动不便的残疾人和老年人，可视情提供上门服务；五是不应诱导、教唆受援人作出不符合事实的陈述，不应泄露国家秘密、当事人的商业秘密或者个人隐私。

实践中，存在因特殊情况导致法律援助人员难以约见受援人或者其法定代理人、近亲属的情形，如受援人因自身特殊情况交流能力受限，同时无法联系其法定代理人、近亲属等。在此类情形中，应当允许法律援助人员不约见受援人或者其法定代理人、近亲属。但考虑到法律援助人员的履职要求，此类无法约见的情形应当限定为因受援人原因所致。

二、法律援助人员约见之告知事项

受援人享有知情权是法律援助法第五十五条规定的内容之一。根据法律援助法第五十五条的规定，受援人有权向法律援助机构、法律援助人员了解法律援助事项办理情况。此项新增规定旨在明确法律援助人员在首次约见受援人或者其法定代理人、近亲属时，应当向受援人或者其法定代理人、近亲属明确告知其代理职责。具体的告知事项，则是参照《全国民事行政法律援助服务规范》加以规定的。根据《全国民事行政法律援助服务规范》第7.5.2.3条的规定，承办人员首次约见受援人或其法定代理人、近亲属，应告知以下事项：承办人员的代理职责；受援人可以向人民法院申请减、免、缓交诉讼费用；本案主要诉讼风险及法律后果；受援人在诉讼中的权利和义务。

（一）告知承办人员的代理职责

法律援助人员向受援人提供法律援助服务，在受援人与法律援助机构、法律援助人员签订委托文件后，双方即成立委托代理关系。因此，为便于受援人明确自己在接受法律援助过程中享有的权利，法律援助人员应当在首次会见受援人或者其法定代理人、近亲属时，向受援人或者其法定代理人、近亲属告知代理职责。

（二）告知受援人可以向人民法院申请减、免、缓交诉讼费用

国家推进开展法律援助工作，旨在为经济困难群众提供无偿的法律服务。作为一项立足于民生，旨在帮扶存在法律援助需求的经济困难群众的法律制度，法律援助机构及法律援助人员应当在提供法律援助服务工作过程中充分考量受援人的经济情况，并尽量减轻其诉讼过程中可能出现的经济负担。

《诉讼费用交纳办法》在第六章司法救助部分，分别规定了免交、减交、缓交诉讼费用的情形及需要满足的条件。具体而言，就免交诉讼费用，《诉讼费用交纳办法》第四十五条规定："当事人申请司法救助，符合下列情形之一的，人民法院应当准予免交诉讼费用：（一）残疾人无固定生活来源的；（二）追索赡养费、扶养费、抚育费、抚恤金的；（三）最低生活保障对象、农村特困定期救济对象、农村五保供养对象或者领取失业保险金人员，无其他收入的；（四）因见义勇为或者为保护社会公共利益致使自身合法权益受到损害，本人或者其近亲属请求赔偿或者补偿的；（五）确实需要免交的其他情形。"就减交诉讼费用，《诉讼费用交纳办法》第四十六条规定："当事人申请司法救助，符合下列情形之一的，人民法院应当准予减交诉讼费用：（一）因自然灾害等不可抗力造成生活困难，

正在接受社会救济，或者家庭生产经营难以为继的；（二）属于国家规定的优抚、安置对象的；（三）社会福利机构和救助管理站；（四）确实需要减交的其他情形。人民法院准予减交诉讼费用的，减交比例不得低于30%。"而就缓交诉讼费用，《诉讼费用交纳办法》第四十七条则是规定："当事人申请司法救助，符合下列情形之一的，人民法院应当准予缓交诉讼费用：（一）追索社会保险金、经济补偿金的；（二）海上事故、交通事故、医疗事故、工伤事故、产品质量事故或者其他人身伤害事故的受害人请求赔偿的；（三）正在接受有关部门法律援助的；（四）确实需要缓交的其他情形。"同时，《诉讼费用交纳办法》第四十八条还规定了当事人申请免交、减交、缓交诉讼费用司法救助时应当满足的条件和履行的手续。根据《诉讼费用交纳办法》第四十八条的规定，当事人申请司法救助，应当在起诉或者上诉时提交书面申请、足以证明其确有经济困难的证明材料以及其他相关证明材料。因生活困难或者追索基本生活费用申请免交、减交诉讼费用的，还应当提供本人及其家庭经济状况符合当地民政、劳动保障等部门规定的公民经济困难标准的证明。①

----

① 《诉讼费用交纳办法》，载国家法律法规数据库，https：//flk. npc. gov. cn/detail2. html？ZmY4MDgwODE2ZjNlOThiZDAxNmY0MWUxMzk1YTAxNWY%3D，最后访问时间：2023年7月6日。

考虑到受援人详尽了解人民法院关于诉讼费用的减、免、缓交规定存在现实困难，为破除这一困境，本规定明确了法律援助人员应当承担的告知义务。即法律援助人员在约见受援人或者其法定代理人、近亲属，了解受援人情况后，如果发现受援人符合上述《诉讼费用交纳办法》中规定的可以向人民法院申请减、免、缓交诉讼费用的情形时，应当告知其可以向人民法院提出申请，并告知受援人或者其法定代理人、近亲属需要提供的证明材料。

（三）告知本案主要诉讼风险及法律后果

诉讼存在的风险以及判决对应的法律后果，是关乎受援人诉讼权利和实体权利的重要内容，也是其寻求法律援助服务的主要内容之一。因此，法律援助人员在首次约见受援人或者其法定代理人、近亲属，了解案件情况后，应当就案件处理可能存在的诉讼风险以及可能导致的法律后果告知受援人或者其法定代理人、近亲属。如此规定，一是便于受援人或者其法定代理人、近亲属对案件的处理结果事先有一定心理预期。受援人或者其法定代理人、近亲属在诉讼前期大致了解案件可能存在的诉讼风险和法律后果，便于其就随后的诉讼事项加以考量、进行决策，同时也将提高受援人对于判决结果的接受程度。二是有利于法律援助人员后续工作的开展。法律援助人员在承办案件的前期阶段，告知诉讼风险与法律后果，可以在受援人或者其法定代理人、近亲属对案件处理情况大致了解的前提下，通过与受援人进行商讨，有针对性地制定诉讼策略。

（四）告知受援人在诉讼中的权利和义务

法律援助工作一般具有环节复杂、耗时较长、涉及事项较多的特点，法律援助人员应当在法律援助工作的开展过程中全力协助受援人，及时回应受援人或者其法定代理人、近亲属就案件提出的合理诉求。明确、合理诉求的前提是受援人或者其法定代理人、近亲属详尽了解其在诉讼过程中享有的权利及应当履行的义务。因此，法律援助人员在首次约见受援人或者其法定代理人、近亲属时，应当告知其在诉讼中的权利和义务，以根据受援人的诉求，及时调整案件处理的应对措施。

第三十一条　【法律援助人员调查、收集案件材料】法律援助人员承办案件，可以根据需要依法向有关单位或者个人调查与承办案件有关的情况，收集与承办案件有关的材料，并可以根据需要请求法律援助机构出具必要的证明文件或者与有关机关、单位进行协调。

法律援助人员认为需要异地调查情况、收集材料的，可以向作出指派或者安排的法律援助机构报告。法律援助机构可以按照本规定第十六条向调查事项所在地的法律援助机构请求协作。

▇ 条文主旨

本条是关于法律援助人员承办案件调查、收集案件材料的规定。

▇ 条文释义

本条合并、调整了旧规定第二十七条、第二十八条法律援助人员承办案件应调查取证及异地调查取证程序的相关内容，主要规定法律援助人员承办案件时调查案件情况、收集案件材料的要求以及异地调查案件情况、收集案件材料的程序。

一、法律援助人员调查、收集案件相关情况之规定

法律援助人员承办案件，应当全面、详尽地了解案件情况，故而可以根据需求向有关单位或者个人调查并收集案件有关材料。实践中，存在法律援助人员凭借个人力量难以收集到案件材料的情形。根据律师法第三十五条的规定，受委托的律师根据案情的需要，可以申请人民检察院、人民法院收集、调取证据或者申请人民法院通知证人出庭作证。律师自行调查取证的，凭律师执业证书和律师事务所证明，可以向有关单位或者个人调查与承办法律事务有关的情况。因此，在确有必要申请协助调查、收集证据的情形下，法律援助人员可根据具体需要请求法律援助机构出具必要的证明文件，并与人民检察院、人民法院等相关机关、单位进行协调。

（一）民事、行政法律援助案件的调查取证要求

法律援助人员在承办民事案件时，根据民事诉讼法第六十四条的规定，代理诉讼的律师和其他诉讼代理人有权调查收集证据，可以查阅本案有关材料。查阅本案有关材料的范围和办法由最高人民法院规定。

《全国民事行政法律援助服务规范》第7.5.3.1条对法律援助人员承办案件的调查取证要求进行了如下规定：其一，根据举证责任，承办人员应要求受援人提供所掌握的证据，并调查收集其他相关证据，包括但不限于引起民事行政法律关系发生、变更、消灭的证据。民事行政权利遭到侵犯或者发生争议的证据；妨碍民事行政权利行使及义务履行的证据和受援人有关情况等。其二，受援人不能提供证据或提供证据不充分的，经有关单位或个人同意，承办人员可向证人和对方当事人调查、收集证据；承办人员因客观原因不能自行收集的证据，应及时申请人民法院等有关部门调查、收集证据，并递交书面申请。其三，在证据可能灭失或以后难以取得的情形下，承办人员可在征得受援人同意后，代理其向公证机构或人民法院提交保全证据的书面申请。其四，承办人员应对调查、收集的证据进行审查，编写证据目录，说明证据来源、要证明的对象

与目的，并视案情补充证据。其五，承办人员在调查取证过程中，不应伪造、变造证据，不应威胁、利诱他人提供虚假证据，不应妨碍对方当事人合法取证，不应协助或诱导受援人伪造证据。

（二）刑事法律援助案件的调查取证要求

法律援助人员在承办刑事案件时，根据刑事诉讼法第四十三条的规定，辩护律师经证人或者其他有关单位和个人同意，可以向他们收集与本案有关的材料，也可以申请人民检察院、人民法院收集、调取证据，或者申请人民法院通知证人出庭作证。辩护律师经人民检察院或者人民法院许可，并且经被害人或者其近亲属、被害人提供的证人同意，可以向他们收集与本案有关的材料。

《全国刑事法律援助服务规范》亦在第 8.5.1.4 条第 d 款规定，承办律师经证人或者其他有关单位和个人同意，可向证人或者有关单位、个人收集与本案有关的证据材料，也可申请人民法院收集、调取证据，或者申请人民法院通知证人出庭作证。另外，根据《最高人民法院关于适用〈中华人民共和国刑事诉讼法〉的解释》第五十八条的规定，辩护律师申请向被害人及其近亲属、被害人提供的证人收集与本案有关的材料，人民法院认为确有必要的，应当签发准许调查书。即在刑事案件的调查过程中，法律援助人员如果认为有必要向被害人及其近亲属、被害人提供的证人收集案件相关材料的，应当向人民法院提出申请，经准许后进行约见、调查。

二、法律援助人员异地调查情况、收集材料的报告要求及处置程序

实践中存在一定的异地调查、取证需求。如《安徽省法律援助条例》第二十九条规定："法律援助机构根据办理法律援助事项的需要，可以委托异地法律援助机构代为调查取证、送达法律文书……"① 根据该规定，异地法律援助协助的内容更丰富，范围更宽泛。《办理法律援助案件程序规定》同样就法律援助人员的异地调查、取证工作加以规定。

在具体工作流程方面，法律援助人员如果在提供法律援助服务过程中发现存在异地调查、取证的必要，不得自行前往异地调查、取证，应当先向作出指派或者安排的法律援助机构报告，由法律援助机构进行联系，请求协作。

法律援助机构在收到法律援助人员提出的异地调查情况、收集材料的报告之后，可以根据办理法律援助事项的具体需要，向调查事项所在地的同级法律援助机构请求协作。对于法律援助人员前往异地调查情况、收集材料的情

① 《安徽省法律援助条例》，载国家法律法规数据库，https：//flk.npc.gov.cn/detail2.html？NDAyOGFiY2M2MTI3Nzc5MzAxNjEyODM5NjkwZDc4ZTI%3D，最后访问时间：2023 年 7 月 6 日。

形，可以请求调查事项所在地的法律援助机构帮助法律援助人员出具调查情况、收集材料所需要的对应文书，并事先与相关单位、机关、个人取得联系等。为提高法律援助工作效率，对于单纯的文件、材料调取等无需法律援助人员前往异地的情形，则可以委托调查事项所在地的法律援助机构代为调查取证。

● 案例评析

广东省广州市法律援助处对农民工

张某劳动争议纠纷提供法律援助案①

案情简介：

农民工张某于 2000 年 7 月 16 日入职某公司担任租赁站建材保管和养护工，全年几乎无休。某公司未与张某签订过劳动合同，也未为张某缴纳过社保。自 2019 年 3 月起，某公司多次口头通知张某解除劳动关系，但因补偿金问题协商未果。某公司继续表达辞退的意思，但又不出具书面通知，张某仍继续上班。

2019 年 5 月 5 日，广州市法律援助处收到张某的法律

---

① 《司法部发布法律援助工作指导案例》，载司法部网站，http://www.moj.gov.cn/jgsz/jgszzsdw/zsdwflyzzx/flyzzxgzdt/202209/t20220908_463258.html，最后访问时间：2023 年 7 月 6 日。

援助申请。经审查，决定为其提供法律援助并指派北京市某律师事务所周律师办理该案。

因张某并不清楚自己单位的准确名称，承办律师指导张某去银行网点取得了近 15 年的工资流水，并查明近 5 年工资的发薪单位名称是某公司，解决了诉讼主体的问题。2019 年 5 月，张某向广州市劳动调解争议仲裁委员会申请劳动争议仲裁。

2019 年 9 月，广州市劳动调解争议仲裁委员会裁决确认张某与某公司 2014 年 9 月 1 日至 2019 年 5 月 20 日存在劳动关系。双方均不服仲裁裁决，起诉至广州市天河区人民法院。

2020 年 5 月，广州市天河区人民法院判决确认张某与某公司 2014 年 9 月 1 日至 2019 年 9 月 30 日存在劳动关系，并按相应期间支付违法解约赔偿金。对于一审判决，双方均不服，向广州市中级人民法院提起上诉。

二审期间，承办律师申请了律师调查令，前往银行调查获得关键证据，证明自 2005 年 8 月 1 日起，张某的发薪单位均是某公司或者其子公司、分公司。2020 年 11 月，广州市中级人民法院据此判决确认张某与某公司自 2005 年 8 月 1 日至 2019 年 9 月 30 日存在劳动关系。之后，承办律师指导张某持判决书向某公司所在地的湖北省社保主管部门申请追缴自 2005 年 8 月至 2019 年 9 月的社保，后某公司完成补缴。

随后，承办律师继续代理张某申请劳动仲裁，要求某公司支付违法解除劳动合同赔偿金约 12 万元，获得支持。裁决后，某公司不服，向番禺区人民法院起诉。2021 年 11 月 16 日，番禺区人民法院判决维持仲裁裁决，本案得到圆满解决。

案件点评：

本案属于为农民工提供法律援助，帮助其解决劳动纠纷并获得合理报酬的法律援助案件。在本案二审期间，法律援助律师为证明受援人与所诉公司之间确实存在劳动关系，申请了律师调查令，并前往银行进行调查。法律援助律师在银行调查中获得关键证据，法院据此证据认定了受援人与被诉公司之间确实存在劳动关系，最终使得本案得到圆满解决，维护了受援人的合法权益。

第三十二条　【法律援助多元纠纷解决】 法律援助人员可以帮助受援人通过和解、调解及其他非诉讼方式解决纠纷，依法最大限度维护受援人合法权益。

法律援助人员代理受援人以和解或者调解方式解决纠纷的，应当征得受援人同意。

● **条文主旨**

本条是关于法律援助人员通过非诉讼方式帮助受援人

解决纠纷的规定。

● **条文释义**

本条在旧规定第二十三条内容的基础上进一步落实法律援助工作多元化解纠纷之要求，对非诉讼方式解决矛盾纠纷进行重点强调。

一、采多元方式解决纠纷，维护受援人合法权益

采用和解、调解及其他非诉讼方式解决纠纷，是法律援助机构及法律援助人员落实多元化纠纷解决工作要求的路径之一。

"案多人少"是当前我国司法实践面临的特殊问题。为解决这一问题，应当拓展传统诉讼方式之外的非诉讼解决路径。就法律援助案件而言，一律进入传统的诉讼解决轨道并不一定有利于实现受援人的利益诉求。法律援助人员向受援人提供法律援助服务，应当将最大限度维护受援人的合法权益作为主要追求。因此，法律援助人员应当发挥职业优势，在了解案件的基本情况并完成前期调查取证工作后，如果认为采用和解、调解及其他非诉讼方式解决纠纷更有利于维护当事人合法权益，则应及时告知受援人，并提出相应建议。

二、以和解或者调解方式解决纠纷应征得受援人同意

法律援助人员在提供法律援助服务时，应当从维护受援人合法权益的角度出发，选择最有利于受援人的方式解决纠纷。但是，与诉讼手段解决纠纷相比，和解或者调解方式解决纠纷存在影响或限制受援人行使诉权的可能性。因此，为充分考量受援人需求，法律援助人员如果在对案件进行调查、了解情况后，认为采用和解或者调解方式解决纠纷更为适宜，则应在采取对应措施前，征得受援人的同意，以免影响受援人行使诉权。

● 案例评析

浙江省宁波市江北区法律援助中心
对徐某医疗损害责任纠纷提供法律援助案①

案情简介：

2015 年 4 月，徐某因"排尿终末疼痛 5 天"就诊于浙江省某医院，医院为其进行相应检查并以"膀胱结石"进行开药处理，但患者病情并未好转反而加重，后因膀胱癌治疗无效不幸于 2018 年 6 月 3 日离世。徐某的妻子与女儿认为某医院在 2015 年 4 月的超声等检查中存在误诊等医疗过错。徐某女儿与某医院共同申请当地医学会进行医疗损

---

① 《司法部发布法律援助工作指导案例》，载司法部网站，http://www.moj.gov.cn/jgsz/jgszzsdw/zsdwflyzzx/flyzzxgzdt/202209/t20220908_463258.html，最后访问时间：2023 年 7 月 6 日。

害鉴定。鉴定意见认为,医院存在医疗过错,对患者徐某死亡承担次要责任。因医患双方协商不成,徐某家属于2020年4月23日向宁波市江北区法律援助中心申请法律援助。江北区法律援助中心经审查,认为符合法律援助条件,于同日指派浙江某律师事务所章律师承办此案。

承办律师经多次与当地医疗纠纷理赔中心沟通,并多次咨询相关专家及省级医学会意见,在对患者的病历资料及医疗费票据等证据完成整理后,以当地医学会出具的鉴定意见为依据,代理受援人向江北区人民法院提起诉讼。

2020年11月17日,江北区人民法院受理本案。经承办律师与法院、医院沟通,就医方的具体过错行为的严重性进行详细论证,成功说服医院承担40%赔偿责任。承办律师还找出相应法律依据、类似判例,跟法院进行沟通,认为患者医疗费报销部分属于投保后的保险利益所得,仍应计入赔偿金额,不能因此减轻医院的赔偿责任。

在法院调解下,某医院同意按照次要责任中最高的赔偿比例即40%赔偿责任进行赔偿。最终原告顺利拿到了50多万元赔偿款,合法权益受到保护。

案件点评:

本案属于向医疗责任纠纷受害人一方提供法律援助的案件。在医患双方自行协商不成的前提下,患者家属申请法律援助。承办案件后,法律援助人员多次与当地医疗纠纷理赔中心沟通，咨询相关专家及省级医学会意见，在对案情充分了解的基础上代理受援人提起诉讼。在案件审理过程中，法律援助人员为维护受援人权益，找出相应法律依据、类似判例，跟法院进行沟通，并最终促成以调解的非诉方式结案，顺利帮助受援人获得赔偿款。

● 案例评析

安徽省六安市霍邱县法律援助中心对农民工
王某某矽肺职业病工伤赔偿纠纷提供法律援助案①

案情简介：

2002 年 6 月至 2013 年 8 月，农民工王某某在安徽省某矿业有限公司（以下简称矿业公司）从事炮工工作。2013 年 8 月，矿业公司因发生安全事故停产，王某某在家等待复工期间发觉身体不适，前往医院诊治。2018 年 11 月 14 日经六安市某医院诊断为职业性矽肺壹期。2019 年 2 月 25 日经霍邱县人力资源和社会保障局认定其患职业病（矽肺）为工伤，并经相关部门鉴定王某某为劳动功能障碍七级。

---

① 《司法部发布法律援助工作指导案例》，载司法部网站，http://www.moj.gov.cn/jgsz/jgszzsdw/zsdwflyzzx/flyzzxgzdt/202209/t20220908_463258.html，最后访问时间：2023 年 7 月 6 日。

　　王某某就工伤赔偿事宜来到霍邱县法律援助中心请求帮助。法律援助中心经审核决定给予法律援助，并指派安徽某律师事务所聂律师承办此案。

　　承办律师多次前往矿业公司进行沟通协商，但矿业公司均以自己不应当承担责任为由拒绝调解。2019年9月1日，承办律师代受援人向霍邱县劳动仲裁庭申请仲裁。

　　仲裁庭审中，矿业公司提出王某某所在工作场所系陕西某公司承包，王某某的实际用工单位也是该公司，王某某与矿业公司不存在劳动合同关系。承办律师对被申请人提交的证据逐一质证，提出了反驳意见。仲裁委员会经查明后，当庭驳回了矿业公司的申请。

　　承办律师抓住三个关键点提出代理意见：第一，根据霍邱县人力资源和社会保障局作出的工伤认定，王某某请求解除与矿业公司之间的劳动关系，并要求支付一次性工伤医疗补助金和一次性伤残就业补助金具有事实和法律依据。第二，王某某的职业病诊断、工伤认定及劳动功能障碍程度鉴定程序合法、结果客观公正，矿业公司依法应承担职业病工伤事故法律责任。第三，王某某主张的赔偿项目和具体赔偿数额符合法律规定，并有证据佐证，因矿业公司未给王某某缴纳工伤保险，应按照七级工伤保险待遇的项目和标准支付一次性伤残补助金等相关费用。

　　2020年11月6日，霍邱县劳动人事争议仲裁委员会

裁定王某某与矿业公司解除劳动关系，矿业公司向王某某
支付各项费用合计 316801 元。

案件点评：

本案属于为农民工提供法律援助，协助其办理工伤赔
偿事宜的法律援助案件。与上文所述案例不同，承办本案
的法律援助人员多次前往矿业公司进行沟通协商，但矿业
公司均拒绝调解。在此前提下，法律援助人员向劳动仲裁
庭申请仲裁，通过仲裁方式维护了受援人的合法权益，帮
助其顺利获得工伤赔偿。

第三十三条 【刑事辩护法律援助律师的职责】

对处于侦查、审查起诉阶段的刑事辩护法律援助案件，
承办律师应当积极履行辩护职责，在办案期限内依法
完成会见、阅卷，并根据案情提出辩护意见。

🔵 条文主旨

本条是关于刑事辩护法律援助案件中承办律师应当履
行的职责的规定。

🔵 条文释义

本条是此次《办理法律援助案件程序规定》新增的内
容，对刑事辩护法律援助案件中承办律师应当履行的职责

进行了规定，主要为刑事法律援助律师在承办案件过程中应积极开展会见、阅卷工作。

一、刑事法律援助律师应积极履职

就刑事辩护法律援助案件中法律援助人员应当履行的职责，《最高人民法院、最高人民检察院、公安部、司法部关于进一步深化刑事案件律师辩护全覆盖试点工作的意见》第九条进行了规定，即"辩护律师依照刑事诉讼法、律师法等规定，依法履行辩护职责"。根据刑事诉讼法第三十九条、第四十条，律师法第三十三条、第三十四条，《最高人民法院关于适用〈中华人民共和国刑事诉讼法〉的解释》第五十三条、第五十四条，《人民检察院刑事诉讼规则》第四十八条、第四十九条，《最高人民法院、最高人民检察院、公安部、司法部关于进一步深化刑事案件律师辩护全覆盖试点工作的意见》第九条以及《最高人民法院、最高人民检察院、公安部、国家安全部、司法部、全国人大常委会法制工作委员会关于实施刑事诉讼法若干问题的规定》第七条等规定，刑事法律援助律师完成会见、阅卷工作主要包括以下内容：

（一）刑事法律援助律师会见工作

1. 刑事法律援助律师会见犯罪嫌疑人、被告人的时间。根据法律规定，承办律师可以与犯罪嫌疑人会见。承办律师持律师执业证书、法律援助机构公函要求会见在押的犯罪嫌疑人、被告人的看守所应当及时安排会见，至迟不得超过 48 小时。

2. 刑事法律援助律师会见犯罪嫌疑人、被告人的翻译。会见语言沟通存在障碍的犯罪嫌疑人、被告人，承办律师可以聘请翻译人员，但需要经过公安机关的审查。对于符合相关规定的，应当允许；对于不符合规定的及时通知承办律师更换。

3. 刑事法律援助律师会见犯罪嫌疑人、被告人的工作内容。承办律师会见犯罪嫌疑人、被告人，可以了解案件有关情况，向犯罪嫌疑人提供法律咨询、程序选择建议、申请变更强制措施、提出羁押必要性审查申请等法律帮助。自案件移送审查起诉之日起，可以向犯罪嫌疑人、被告人核实有关证据。

（二）刑事法律援助律师阅卷工作

1. 刑事法律援助律师查阅案卷材料的时间。承办律师自人民检察院对案件审查起诉之日起，可以查阅、摘抄、复制案件的案卷材料。

2. 刑事法律援助律师查阅案卷材料的范围。此处的案卷材料包括案件的诉讼文书和证据材料，但不包括合议庭、审判委员会的讨论记录及其他依法不公开的材料。对作为证据材料向人民法院移送的讯问录音、录像，承办律师申请查阅的，人民法院应当准许。承办律师提出阅卷申请的，人民检察院、人民法院应当及时安排，提供便利。

3. 刑事法律援助律师查阅案卷材料的方式。承办律师查阅案件材料，可以采用复印、拍照、扫描、电子数据拷贝等方式。

二、刑事法律援助律师对犯罪嫌疑人认罪认罚情况的处理

认罪认罚从宽制度是刑事诉讼法 2018 年修改的重点之一，为认罪认罚的犯罪嫌疑人、被告人提供及时、有效的法律援助服务，也是法律援助机构开展刑事法律援助工作的重要内容。《最高人民法院、最高人民检察院、公安部、司法部关于进一步深化刑事案件律师辩护全覆盖试点工作的意见》第九条就刑事法律援助律师办理犯罪嫌疑人认罪认罚案件作出了如下规定：

（一）法律援助辩护律师提出意见的事项范围

犯罪嫌疑人自愿认罪认罚的，辩护律师应当对刑事诉讼法第一百七十三条第二款规定的事项提出意见。根据刑事诉讼法第一百七十三条第二款的规定，犯罪嫌疑人认罪认罚的，人民检察院应当告知其享有的诉讼权利和认罪认罚的法律规定，听取犯罪嫌疑人、辩护人或者值班律师、被害人及其诉讼代理人对下列事项的意见，并记录在案：1. 涉嫌的犯罪事实、罪名及适用的法律规定；2. 从轻、减轻或者免除处罚等从宽处罚的建议；3. 认罪认罚后案件审理适用的程序；4. 其他需要听取意见的事项。

（二）法律援助辩护律师在审查起诉阶段应当履行的职责

在审查起诉阶段，辩护律师应当向犯罪嫌疑人释明认罪认罚从宽的法律规定和法律后果，依法向犯罪嫌疑人提供法律咨询、程序选择建议、申请变更强制措施、提出羁押必要性审查申请等法律帮助。

（三）法律援助辩护律师办理认罪认罚案件的及时履职要求

法律援助机构指派的辩护律师应当自接到指派通知之日起及时阅卷、会见犯罪嫌疑人。对人民检察院拟建议适用速裁程序办理的犯罪嫌疑人认罪认罚案件，辩护律师应当在人民检察院办案期限内完成阅卷、会见。

第三十四条　【法律援助人员的庭审准备工作】

对于开庭审理的案件，法律援助人员应当做好开庭前准备；庭审中充分发表意见、举证、质证；庭审结束后，应当向人民法院或者劳动人事争议仲裁机构提交书面法律意见。

对于不开庭审理的案件，法律援助人员应当在会见或者约见受援人、查阅案卷材料、了解案件主要事实后，及时向人民法院提交书面法律意见。

● **条文主旨**

本条是关于开庭审理的案件和不开庭审理的案件应当做好的庭审准备工作的规定。

● **条文释义**

本条规定扩充了旧规定第二十九条的内容，在原刑事案件开庭和不开庭审理两种情形的基础上，对全部开庭审理、不开庭审理的案件之庭审准备工作及相关程序进行了明确规定。

一、法律援助人员应对庭审案件做好准备

在开庭审理的过程中，法律援助人员应当做好充分的准备，就案件事实认定的各项内容充分发表意见，进行举证、质证。

（一）法律援助人员办理民事、行政案件应做好开庭前准备，并在庭审中履行相应义务

法律援助人员办理民事、行政案件时，根据《全国民事行政法律援助服务规范》第 7.5.3.2 条第 d 款之规定，法律援助人员应在开庭前做好以下准备：其一，了解法庭组成人员名单。其二，明确案件是否属于不公开审理范围。对于离婚案件、涉及国家秘密、商业秘密和个人隐私的案件，根据受援人意愿代为申请不公开审理。其三，约

见受援人，告知庭审程序、法庭组成人员和书记员的姓名，询问受援人是否申请回避。

法律援助人员办理民事案件时，根据民事诉讼法第一百四十一条的规定，法庭调查按照下列顺序进行：1. 当事人陈述；2. 告知证人的权利义务，证人作证，宣读未到庭的证人证言；3. 出示书证、物证、视听资料和电子数据；4. 宣读鉴定意见；5. 宣读勘验笔录。就以上庭审流程，法律援助人员应当做好准备，充分发表意见、举证、质证，维护受援人合法权益。根据《全国民事行政法律援助服务规范》第 7.5.4 条的规定，法律援助人员出席庭审应当遵守如下要求：一是法律援助人员应按规定时间出庭，因故不能出庭的申请延期开庭，并报告法律援助机构。二是法律援助人员应全程参与庭审，根据案件需要向受援人、证人、鉴定人和对方当事人就与本案有关的问题提问。三是在法庭调查过程中，法律援助人员应认真陈述、答辩、发问和回答；围绕证据的真实性、关联性和合法性进行举证质证，针对证据是否确有证明力以及证明力的大小进行说明。四是在法庭辩论过程中，法律援助人员应围绕争议焦点或者法庭调查重点进行发言，就案件事实认定、法律适用和证据证明力等阐明观点，发现案件某些事实未查清的应申请恢复法庭调查。五是如果法律援助人员发现法庭审理过程中的程序违法问题，应及时指出并要求纠正。六是法律援助人员可建议受援人优先采用和解或者调解方式解决纠纷，未经特别授权，不能在和解或者调解过程中对受援人的实体权利进行处分。七是法律援助人员应遵循自愿、合法的原则，向受援人讲解有关和解和调解的法律规定并告知其法律后果。

（二）法律援助人员办理刑事案件应做好开庭前准备，并在庭审中履行相应义务

根据《全国刑事法律援助服务规范》第 8.5.1.4 条的规定，法律援助人员办理刑事案件时，在审判阶段应履行以下职责。一是在开庭审理前，法律援助人员应认真阅读案卷材料、查阅有关法律法规，熟悉案件涉及的专业知识，拟定辩护方案，准备发问提纲、质证提纲、举证提纲、辩护提纲等。二是法律援助人员应依法参加庭审活动，参与法庭调查和法庭辩论，充分陈述和质证，提出辩护意见，在授权范围内参与和解，并制作庭审记录或者提交法庭笔录附卷归档。

根据《最高人民法院关于适用〈中华人民共和国刑事诉讼法〉的解释》第二百八十一条的规定，法庭辩论按照下列顺序进行：1. 公诉人发言；2. 被害人及其诉讼代理人发言；3. 被告人自行辩护；4. 辩护人辩护；5. 控辩双方进行辩论。刑事诉讼法第一百九十八条规定："法庭审理过程中，对与定罪、量刑有关的事实、证据都应当进行调

查、辩论。经审判长许可，公诉人、当事人和辩护人、诉讼代理人可以对证据和案件情况发表意见并且可以互相辩论。审判长在宣布辩论终结后，被告人有最后陈述的权利。"故而，在法庭调查阶段，法律援助人员应认真听取控诉方对被告人、证人的发问，围绕控方出示证据的真实性、合法性等发表质证意见。必要时，有权申请法庭通知新的证人到庭，调取新的物证，申请重新鉴定或者勘验；有权建议法庭延期审理。

在法庭辩论阶段，法律援助人员发表辩护意见应针对控诉方的指控，从事实是否清楚、证据是否确实充分、适用法律是否准确无误、诉讼程序是否合法等不同方面进行分析论证，并提出关于案件定罪量刑的意见和理由。在法庭辩论和被告人最后陈述中，法律援助人员发现有新的或者遗漏的事实、证据需要查证的，可申请恢复法庭调查。在庭审结束后，法律援助人员应认真阅读法庭笔录，认为记载有遗漏或者差错的，可请求补充或者改正，核对无误后签字或盖章。

二、法律援助人员于庭审结束后提交书面法律意见之要求

对于开庭审理的刑事案件、民事案件、行政案件等常规案件，在庭审结束后，法律援助人员应当根据庭审过程中发表意见、举证和质证的具体情形生成对应文书，出具法律意见，并将其提交至人民法院。如根据《全国民事行政法律援助服务规范》第7.5.7.1条的规定，法律援助人员应在休庭后认真核对法庭笔录并签字。法律援助人员在庭审中出示的证据，应与法院办案人员办理交接手续，需要补充证据及提交书面意见的，应在法庭指定的期限内提交。

对于特殊案件，如劳动争议的处理，根据劳动争议调解仲裁法第五条关于处理劳动争议具体程序的规定，对于当事人不愿协商、协商不成或者达成和解协议后不履行的劳动争议，法律援助人员可以向调解组织申请调解；不愿调解、调解不成或者达成调解协议后不履行的，法律援助人员可以向劳动争议仲裁委员会申请仲裁；对仲裁裁决不服的，除本法另有规定的外，可以向人民法院提起诉讼。仲裁庭的组成，根据劳动争议调解仲裁法第三十一条的规定，即"劳动争议仲裁委员会裁决劳动争议案件实行仲裁庭制。仲裁庭由三名仲裁员组成，设首席仲裁员。简单劳动争议案件可以由一名仲裁员独任仲裁"。对于开庭审理的劳动争议法律援助案件，在庭审结束后，法律援助人员应当向劳动人事争议仲裁机构提交书面法律意见，便于后续处理及存档。

三、法律援助人员承办不开庭审理之案件的程序规定

除开庭审理的案件外，刑事诉讼、民事诉讼及行政诉讼的二审案件均规定了可以不开庭审理的情形。

（一）刑事案件二审不开庭的情形

根据《最高人民法院关于适用〈中华人民共和国刑事诉讼法〉的解释》第三百九十四条的规定，对上诉、抗诉案件，第二审人民法院经审查，认为原判事实不清、证据不足，或者具有刑事诉讼法第二百三十八条规定的违反法定诉讼程序情形，需要发回重新审判的，可以不开庭审理。同时，根据《最高人民法院关于适用〈中华人民共和国刑事诉讼法〉的解释》第四百条的规定，第二审案件依法不开庭审理的，应当讯问被告人，听取其他当事人、辩护人、诉讼代理人的意见。合议庭全体成员应当阅卷，必要时应当提交书面阅卷意见。

除此之外，根据《全国刑事法律援助服务规范》第 8.5.1.4 条第 m 款的规定，法院决定不开庭审理的案件，法律援助人员认为应开庭审理的，应提出书面申请；认为依法可不开庭审理的，法律援助人员应在接到法院不开庭通知之日起十日内向法庭提交书面《辩护意见》及其他法律文书。

（二）民事案件二审不开庭的情形

根据民事诉讼法第一百七十六条第一款的规定，第二审人民法院对上诉案件应当开庭审理。经过阅卷、调查和询问当事人，对没有提出新的事实、证据或者理由，人民法院认为不需要开庭审理的，可以不开庭审理。同时，根据《最高人民法院关于适用〈中华人民共和国民事诉讼法〉的解释》第三百三十一条的规定，对于不服不予受理、管辖权异议和驳回起诉裁定的；当事人提出的上诉请求明显不能成立的；原判决、裁定认定事实清楚，但适用法律错误的；原判决严重违反法定程序，需要发回重审的上诉案件，第二审人民法院可以不开庭审理。

（三）行政案件二审不开庭的情形

根据行政诉讼法第八十六条的规定，人民法院对上诉案件，应当组成合议庭，开庭审理。经过阅卷、调查和询问当事人，对没有提出新的事实、证据或者理由，合议庭认为不需要开庭审理的，也可以不开庭审理。

开庭审理是刑事诉讼、民事诉讼及行政诉讼的基本要求之一，是对当事人诉讼权利加以保障的制度载体。但是，对于部分二审案件而言，不开庭审理更有利于节约司法资源、提高诉讼效率。因此，法律援助人员承办不开庭审理的案件，必须从保障、维护受援人合法诉讼权益的角度出发，在会见或者约见受援人、查阅案卷材料、了解案件主要事实后，及时向人民法院提交书面法律意见，避免侵害受援人合法权益的情况发生。

第三十五条　【法律援助人员履职义务】法律援助人员应当向受援人通报案件办理情况，答复受援人询问，并制作通报情况记录。

👉 **条文主旨**

本条是关于法律援助人员应当向受援人通报案件办理情况的义务的规定。

👉 **条文释义**

法律援助人员承办法律援助案件应当履行的义务，与受援人享有的权利相对应。法律援助法第五十五条对受援人享有的权利进行了规定，即"受援人有权向法律援助机构、法律援助人员了解法律援助事项办理情况"。此处规定参考了地方立法的探索与尝试，如《四川省法律援助条例》第三十四条第一款规定，受援人在接受法律援助过程中，有权向法律援助人员了解法律援助事项办理情况；①《湖北省法律援助条例》第三十一条第一款规定，受援人有权向法律援助机构、法律服务机构或者法律服务人员了解法律援助案件的进展情况；《山东省法律援助条例》第二十一条第一款规定，在实施法律援助过程中，受援人有权了解为其提供法律援助事项的进展情况。②

---

① 《四川省法律援助条例》，载国家法律法规数据库，https：//flk. npc. gov. cn/detail2. html？NDAyOGFiY2M2MTI3Nzc5MzAxNjEyODczOWY3NDMxOTQ%3D，最后访问时间：2023 年 7 月 6 日。

② 《山东省法律援助条例》，载国家法律法规数据库，https：//flk. npc. gov. cn/detail2. html？NDAyOGFiY2M2MTI3Nzc5MzAxNjEyODM1MGQyMjc1MTM%3D，最后访问时间：2023 年 7 月 6 日。

法律援助人员为受援人提供法律援助服务，应当主动履职。除答复受援人关于案件处理情况的询问外，也应当在案件办理的过程中，就案件办理的具体情况，向受援人及时通报，询问受援人意见。就以上承办案件的交流情况，法律援助人员应当制作通报情况记录，作为重要文书保存。

第三十六条 【法律援助人员的报告要求】法律援助人员应当按照法律援助机构要求报告案件承办情况。

法律援助案件有下列情形之一的，法律援助人员应当向法律援助机构报告：

（一）主要证据认定、适用法律等方面存在重大疑义的；

（二）涉及群体性事件的；

（三）有重大社会影响的；

（四）其他复杂、疑难情形。

条文主旨

本条是关于法律援助人员应法律援助机构要求向其报告案件承办情况以及需要主动向法律援助机构报告的具体情形的规定。

条文释义

一、法律援助人员应当按要求报告案件承办情况

为保证法律援助人员认真履行法律援助工作职责，法律援助机构应对其加以监督和管控。为便利法律援助机构了解法律援助案件的办理情况，法律援助人员应当按照法律援助机构的要求向其报告。在司法实践中，法律援助机构的要求可能会因为地区差异而存在不同，即除《办理法律援助案件程序规定》第三十六条规定的具体情形外，地方司法行政部门可能对具体情形加以进一步细化。如北京市司法局印发的《北京市法律援助案件办理程序及标准》第一百零五条规定："法律援助案件有下列情形之一的，承办人应当及时向法律援助机构报告：（一）主要证据认定、适用法律等方面有重大疑义或刑事案件中做无罪辩护的；（二）受援人或其法定代理人、近亲属另行委托、联系不上或拒绝接受法律援助的；（三）涉及群体性事件的；（四）有重大社会影响的；（五）须向法律援助机构报告的其他复杂、疑难情形。"①

　　本条在旧规定原有的四项具体情形基础上，增加了刑事案件中做无罪辩护的情形以及受援人或其法定代理人、近亲属另行委托、联系不上或拒绝接受法律援助的情形。整体而言，就案件承办过程中出现的事实认定存在重大疑义、群体性事件、有重大影响的案件以及其他复杂、疑难

---

　　① 《北京市法律援助案件办理程序及标准》，载北京市人民政府网站，https：//www.beijing.gov.cn/zhengce/zhengcefagui/201905/t20190522_60104.html，最后访问时间：2023 年 7 月 6 日。

情形，法律援助人员均应向法律援助机构报告，以便于提请集体讨论研究，提供完善的法律援助服务。

二、法律援助人员应报告的四种具体情形

就法律援助人员应当向法律援助机构报告案件承办情况的具体情形，部分地区的司法行政部门进行了细致的规定。同时，《全国刑事法律援助服务规范》第 8.5.1.1 条对于法律援助人员承办刑事法律援助辩护案件的基本要求进行了详尽的规定，其中第 k 款规定，法律援助案件有下列情形之一的，承办律师应向律师事务所报告，提请集体讨论研究辩护意见，并及时向法律援助机构报告承办情况，填写司发通〔2013〕34 号文件附件法律援助文书格式十八并附卷归档。其规定的四种情形分别为：就主要证据或案件事实的认定、法律适用、罪与非罪等方面存在重大疑义的；涉及群体性事件的；具有重大社会影响的；其他疑难复杂的情形。基于上述内容，《办理法律援助案件程序规定》将法律援助人员应当向法律援助机构报告的具体情形归纳为以下四种：

（一）主要证据认定、适用法律等方面存在重大疑义的

所谓"主要证据认定、适用法律等方面存在重大疑义"的情形，包括两种。一是证据认定存在疑义，如证据真伪不明、存在非法证据、存在非法取证行为等证据的证明效力需要加以进一步认定的情况。二是适用法律方面存

在重大疑义，如刑事案件减刑、假释的法律认定问题、民事诉讼中所有权的确权问题、劳动关系的认定存在疑义的情况。

（二）涉及群体性事件的

所谓"涉及群体性事件"，主要是指案件涉及人数众多，受援对象并不单一的情形。

（三）有重大社会影响的

所谓"有重大社会影响"，主要是指承办的法律援助案件造成了社会秩序的混乱、危害公共安全，或是涉及国家利益、为人民群众熟知并广泛讨论，抑或是犯罪情节较为恶劣的刑事案件。

有重大社会影响的具体情形之认定，可以参照地方相关规定。如北京市司法局《关于疑难复杂和有重大社会影响的司法鉴定服务的认定标准》中就"有重大社会影响"的司法鉴定服务进行了规定，其中包括案件引起社会关注，并经互联网门户网站、省级或省级以上新闻媒体报道的情形，等等。[1]

（四）其他复杂、疑难情形

上海市律师协会《关于律师服务收费中重大、疑难、

---

[1] 《北京市司法局关于疑难复杂和有重大社会影响的司法鉴定服务的认定标准》，载北京市人民政府网站，https：//www.beijing.gov.cn/zhengce/zhengcefagui/201905/t20190522_60500.html，最后访问时间：2023 年 7 月 6 日。

复杂诉讼案件的认定标准及实施办法》第一条将下述九种情形规定为"重大、疑难、复杂诉讼案件"：（1）由中级以上（含中级）人民法院管辖的一审诉讼案件；（2）符合法院、检察、公安、司法行政等机关重大、疑难、复杂案件标准的诉讼案件；（3）引起社会普遍关注、具有较大社会影响的案件；（4）新类型案件；（5）具有较大社会影响的涉港澳台或涉外案件；（6）办案机关决定需要其他专业人士参与的案件；（7）案情复杂、涉及三个以上（含三个）法律关系的案件；（8）异地办理或者工作量明显较大的案件；（9）其他由律师事务所与委托人协商一致，作为重大、疑难、复杂的案件。① 其中，第（2）（4）（6）（7）（8）（9）项规定的情形，均可参照认定为复杂、疑难情形，即公检法司等机关明确规定的复杂疑难案件、新类型案件、涉及多个法律关系认定的案件、异地办理或者工作量明显较大的案件以及法律援助人员与受援人协商一致认为案情复杂疑难的案件。

---

　　① 《上海市律师协会关于律师服务收费中重大、疑难、复杂诉讼案件的认定标准及实施办法》，载东方律师网，http://www.lawyers.org.cn/info/12f43bcbbdb238558cfbed7466985b0f，最后访问时间：2023 年 7 月 6 日。

案例评析

重庆市潼南区法律援助中心对谭某等
19 名农民工劳动争议提供法律援助案[①]

案情简介：

谭某等 19 人系重庆市某科技股份有限公司生产部员工，双方签有书面劳动合同。2021 年 4 月 27 日，谭某等人因公司拖欠工资和解除劳动合同事宜向重庆市潼南区法律援助中心申请法律援助。法律援助中心经审查，认为谭某等 19 人符合法律援助条件，指派重庆某律师事务所吴律师承办该案。

因人数较多，承办律师根据每个人的工资标准、工资发放情况、欠付工资金额、劳动合同期限等具体情况，分别制作了劳动仲裁申请书，并指导谭某等人通过快递向公司寄出《解除劳动合同通知书》。

2021 年 5 月 10 日，承办律师代谭某等人向潼南区劳动人事争议仲裁委员会提交劳动仲裁申请。庭审中，承办律师依据事实和法律，提出以下代理意见：

---

① 《司法部发布法律援助工作指导案例》，载司法部网站，http://www.moj.gov.cn/jgsz/jgszzsdw/zsdwflyzzx/flyzzxgzdt/202209/t20220908_463258.html，最后访问时间：2023 年 7 月 6 日。

根据规定，企业停工停产一个工资周期内的应按劳动合同规定的标准支付劳动者工资。公司应按劳动合同规定的标准支付谭某等人 2020 年 2 月的工资。

2020 年 1 月 13 日至 2 月 1 日是公司安排的春节假期，谭某等人未提供正常劳动并非其本人原因造成。根据相关法律规定，公司应按最低工资标准补齐 2020 年 1 月工资。

2021 年春节假期结束后，公司仍未安排谭某等人上班，直至 2021 年 4 月 26 日谭某等人按相关法律规定解除劳动合同，一共停工停产 68 天，此段时间停工停产非因谭某等人原因造成。公司应在停工停产一个工资支付周期内按照劳动合同规定的标准支付工资，超过一个工资支付周期的按照最低工资标准的 70% 支付生活费。

因公司存在未及时足额支付劳动者劳动报酬及停工停产生活费的行为，应向谭某等人支付经济补偿。

仲裁委经审理后，采纳了承办律师的意见，于 2021 年 6 月作出裁决：由重庆市某科技股份有限公司向谭某等人支付 2020 年 1 月、2 月工资，2021 年 2 月工资，2021 年 3 月 1 日至 4 月 26 日期间的生活费及解除劳动合同经济补偿共计 35.7684 万元。

案件点评：

本案受援人人数较多。承办案件的法律援助人员根据每个人的工资标准、工资发放情况、欠付工资金额、劳动合同期限等具体情况，分别制作了劳动仲裁申请书，提交劳动仲裁申请，最终帮助全部受援人获得生活费及解除劳动合同经济补偿。

第三十七条   【法律援助人员的更换】 受援人有证据证明法律援助人员未依法履行职责的，可以请求法律援助机构更换法律援助人员。

法律援助机构应当自受援人申请更换之日起五日内决定是否更换。决定更换的，应当另行指派或者安排人员承办。对犯罪嫌疑人、被告人具有应当通知辩护情形，人民法院、人民检察院、公安机关决定为其另行通知辩护的，法律援助机构应当另行指派或者安排人员承办。法律援助机构应当及时将变更情况通知办案机关。

更换法律援助人员的，原法律援助人员所属单位应当与受援人解除或者变更委托协议和授权委托书，原法律援助人员应当与更换后的法律援助人员办理案件材料移交手续。

◗ 条文主旨

本条是关于更换法律援助人员的权利、程序、时间限制及相关处置等内容的规定。

● 条文释义

一、请求法律援助机构更换法律援助人员

法律援助人员应当充分履行法律援助义务，如果未依法履行职责，受援人有权申请更换。这既是受援人的权利，也是对法律援助人员依法履行职责的要求。根据法律援助法第五十五条的规定，"……法律援助机构、法律援助人员未依法履行职责的，受援人可以向司法行政部门投诉，并可以请求法律援助机构更换法律援助人员"。法律援助法第五十五条规定了法律援助质量监督与人员更换两种情形。其一，对于法律援助机构未依法履行法律援助职责的情形，受援人可以向司法行政部门投诉。其二，对于法律援助人员未依法履行职责的情形，受援人既可以向司法行政部门投诉，也可以向法律援助机构申请更换法律援助人员。在开展法律援助工作的过程中，法律援助人员应当维护受援人的合法权益，认真履行法律援助职责。如果受援人发现法律援助人员存在未依法履行职责的情形，在能够向法律援助机构提供证据加以证明的前提下，可以向法律援助机构申请更换法律援助人员。

二、更换法律援助人员的期限及后续处理

（一）受援人有权申请更换法律援助人员

法律援助人员受托向受援人提供法律服务，如果法律援助人员履行职责不到位，无法维护受援人合法权益，则不符合提供法律援助服务的宗旨。因此，法律援助法第五十五条规定："受援人有权向法律援助机构、法律援助人员了解法律援助事项办理情况；法律援助机构、法律援助人员未依法履行职责的，受援人可以向司法行政部门投诉，并可以请求法律援助机构更换法律援助人员。"此规定明确了法律援助人员承办法律援助案件时受援人拥有的权利，并规定受援人可以请求法律援助机构更换法律援助人员。

在刑事案件中，被追诉人享有自行辩护的权利。根据《最高人民法院关于适用〈中华人民共和国刑事诉讼法〉的解释》第五十条的规定："被告人拒绝法律援助机构指派的律师为其辩护，坚持自己行使辩护权的，人民法院应当准许……"即在刑事法律援助案件中，受援人如果拒绝法律援助机构指派的法律援助人员提供的法律援助服务，请求行使自行辩护的权利，除属于刑事法律援助中通知辩护的几种情形外，应当准许。

（二）更换的期限

为及时向受援人提供高质量的法律援助服务，对于受援人提出的更换法律援助人员请求，法律援助机构应当及时解决。如《全国刑事法律援助服务规范》第 8.4.1 条第 f 款规定："受援人申请更换承办律师的，法律援助机构应在 5 个工作日内决定是否更换……"即受援人提出更换法律援助人员的申请之后，法律援助机构应当自收到申请之后五日内决定是否更换。

（三）更换法律援助人员的后续处理

法律援助机构按照受援人申请更换法律援助人员后，为保证受援人获得法律援助服务的及时性与连贯性，应当在规定时间内另行指派或者安排人员继续承办案件。

三、刑事法律援助案件通知辩护情形的程序处置

根据《全国刑事法律援助服务规范》第 4.3 条关于刑事法律援助服务"统一"原则的规定，办案机关通知辩护（代理）的刑事法律援助案件，应由法律援助机构统一受理、审查、指派和监督。刑事法律援助中的通知辩护针对若干情形进行了单独规定。根据《全国刑事法律援助服务规范》第 8.2.7 条规定，"犯罪嫌疑人、被告人符合以下情形之一且未委托辩护人或诉讼代理人的，办案机关应通知法律援助机构指派律师为其提供辩护或者代理：a）未成年人；b）盲、聋、哑人；c）尚未完全丧失辨认或者控制自己行为能力的精神病人；d）可能被判处无期徒刑、死刑的人；e）依法不负刑事责任的精神病人强制医疗案件中的被申请人；f）缺席审判案件的被告人；g）根据法律、法规应提供法律援助的其他情形"。由是观之，刑事法律援助中的通知辩护情形，主要面向特殊群体，但并不能因此否认其申请更换法律援助人员的权利。

故而，根据《最高人民法院关于适用〈中华人民共和国刑事诉讼法〉的解释》第五十条的规定，"……属于应当提供法律援助的情形，被告人拒绝指派的律师为其辩护的，人民法院应当查明原因。理由正当的，应当准许，但被告人应当在五日以内另行委托辩护人；被告人未另行委托辩护人的，人民法院应当在三日以内通知法律援助机构另行指派律师为其提供辩护"。即对于刑事法律援助案件，如果受援人申请更换法律援助人员，在符合条件的前提下，人民法院、人民检察院、公安机关应当准许。如果受援人属于《全国刑事法律援助服务规范》第8.2.7条规定的通知辩护之对象，法律援助机构应当按照人民法院、人民检察院、公安机关要求为受援人更换法律援助人员，并及时将法律援助人员更换的情况通知对应的办案机关。

四、更换法律援助人员的材料移交及手续办理

更换法律援助人员需要办理工作交接手续。以刑事法律援助辩护为例，根据《全国刑事法律援助服务规范》第8.4.1条第d款之规定，法律援助机构决定更换承办律师后，法律援助机构应在3日内将新的承办律师的姓名和联系方式告知受援人或者其法定代理人、近亲属，同时原承办案件的法律援助律师应及时办理案件材料移交手续。另外，《全国刑事法律援助服务规范》第8.4.1条第f款规定，法律援助机构决定更换法律援助人员后，原承办机构应与受援人解除或者变更委托代理、辩护协议，原承办律师应在 3 个工作日内与变更后的承办律师办理案件材料移交手续。

第三十八条 【法律援助人员无法承办案件的情况处理】法律援助人员在承办案件过程中，发现与本案存在利害关系或者因客观原因无法继续承办案件的，应当向法律援助机构报告。法律援助机构认为需要更换法律援助人员的，按照本规定第三十七条办理。

◖ 条文主旨

本条是关于法律援助人员因与案件存在利害关系或因客观原因无法继续承办案件的情况处理的规定。

◖ 条文释义

本条规定是此次《办理法律援助案件程序规定》修改的新增内容，主要对法律援助人员因故无法继续承办案件之情形与对应处置程序加以规定。

一、法律援助人员因故无法继续承办案件

法律援助律师在接受了法律援助机构的指派后，应当承担承办案件的责任，不得随意将案件转而委托他人办理或消极办理。《全国刑事法律援助服务规范》第 8.4.1 条第 d 款规定，承办律师接受法律援助机构的指派后，不得将案件转委托他人办理。遇有特殊情况确实无法继续承办该案的，接受指派的承办机构应报请指派案件的法律援助机构批准后，及时更换承办律师。更换承办律师后，法律援助机构应在 3 日内将新的承办律师的姓名和联系方式告知受援人或者其法定代理人、近亲属，原承办律师应及时办理案件材料移交手续。

根据此规定，在确实存在特殊情况导致法律援助人员难以承办案件的前提下，法律援助机构应当根据法律援助人员的报告决定更换法律援助人员。"特殊情况"一般指两种情形，一是法律援助人员与承办案件之间存在利害关系，二是法律援助人员因客观原因无法承办案件。

（一）因存在利害关系无法承办案件

根据律师法第三十九条的规定，律师不得在同一案件中为双方当事人担任代理人，不得代理与本人或者其近亲属有利益冲突的法律事务。在法律援助案件中，法律援助人员同样应当遵守这一规定。

在刑事诉讼中认定存在利害关系，根据《最高人民法院关于适用〈中华人民共和国刑事诉讼法〉的解释》第六百一十六条的规定，刑事诉讼法第二百九十九条第二款、第三百条第二款规定的"其他利害关系人"，是指除犯罪嫌疑人、被告人的近亲属以外的，对申请没收的财产主张权利的自然人和单位。在法律援助案件中，即承办案件的法律援助人员可以对申请没收的财产主张权利。而在民事诉讼中，利害关系主要是指与诉讼标的存在直接或者间接的关系，即承办案件的法律援助人员与案件的裁判结果存在直接或间接的利害关系。

在行政诉讼中，对于"存在利害关系"的认定，则是倾向于"有充分证据证实被诉行政行为影响其实体权利"，即法律援助人员承办行政诉讼法律援助案件所诉的行政行为之判决结果，将会直接或间接地对其实体性权利产生影响。如最高人民法院公布的裁判文书中，就利害关系的认定有如下表述："《中华人民共和国行政诉讼法》第二十五条第一款规定，行政行为的相对人以及其他与行政行为有利害关系的公民、法人或者其他组织，有权提起诉讼。上述法条规定的'有利害关系的公民、法人或者其他组织'，既不能过分扩大理解，认为所有直接或者间接受行政行为影响的公民、法人或者其他组织都有利害关系，也不能过分限制理解，将'可能性'扩展到必须要有充分证据证实被诉行政行为影响其实体权利。对于'利害关系'的认定需要综合考虑案件情况以及当事人的诉讼请求来予以确定，首先，应将当事人是否具有法律保护的权益作为判定当事人是否具有原告主体资格的重要标准；其次，在当事人确有法律可保护权益的情况下，还需要考虑该权益是否应当通过本案的行政诉讼来保护。在有些情况下，即使当事人具有可保护的法律权益，但该权益应当通过民事诉讼或者直接对其设定权利义务的行政行为提起行政诉讼等方式来保护，则当事人虽然有法律保护的权益，但针对本案不具有原告主体资格。"① 此案审理的焦点在于行政案件中存在利害关系的认定。从判决来看，应在合理范围内认定行政诉讼法第二十五条规定的"有利害关系的公民、法人或者其他组织"。申言之，认定"利害关系"需要综合考虑案件情况以及当事人的诉讼请求。在认定当事人原告主体资格时，应先考量是否存在具有法律保护的权益。在当事人确有法律可保护权益的前提下，还需要考虑该权益是否具有诉诸行政诉讼加以保护的必要性。作为参照，在行政诉讼中认定利害关系，应在确认是否存在具有法律保护的权益前提下，判断法律援助人员是否与本案所诉法律权益存在关联、与案件的处理结果相关。

（二）因客观原因无法继续承办案件

对于无法继续承办案件的客观原因，《全国刑事法律

---

① 最高人民法院（2018）最高法行申 2411 号行政裁定书，载中国裁判文书网，https：//wenshu. court. gov. cn/website/wenshu/181107ANFZ0BXSK4/index. html？docId＝o338YswRw5y7SuDFfpCnXETpKs2PNluZl958QXLDra5SPjnLB/tJeJ/dgBYosE2gjYCr4ZAiegVaDTtksjc6pT5EiWBGk4hHM0smPnGSjWSmTuVaFO10oFCELh+lv/B3，最后访问时间：2023 年 7 月 6 日。

援助服务规范》第8.4.1条第e款规定了五种情形，其中第4项为"承办律师因开庭日期冲突，经受援人同意，请求法律援助机构另行指派的"；第5项为"承办律师因其他正当事由或不可抗力无法继续办理该案件，请求法律援助机构另行指派的"。即法律援助人员承办的案件与其承办的其他案件在日期上存在冲突以至于无法出庭或者法律援助人员因自身健康原因等其他不可抗力因素无法继续承办案件时，应当向法律援助机构报告，提出更换法律援助人员的申请。

二、法律援助机构认为需要更换法律援助人员的处理

法律援助人员向法律援助机构报告，提出更换法律援助人员的申请后，经法律援助机构审查情况属实，认为存在更换法律援助人员之必要性时，应当按照《办理法律援助案件程序规定》第三十七条的规定更换法律援助人员。即法律援助机构应当自受援人申请更换之日起五日内决定是否更换法律援助人员。决定更换法律援助人员的，应当另行指派或者安排人员承办该案件。

刑事法律援助辩护中，对犯罪嫌疑人、被告人应当通知辩护的情形，人民法院、人民检察院、公安机关决定为其另行通知辩护的，法律援助机构应当另行指派或者安排人员承办。法律援助机构应当及时将变更情况通知办案机关。

更换法律援助人员后，需要履行交接手续。原法律援助人员所属单位应当与受援人解除或者变更委托协议和授权委托书，原法律援助人员应当与更换后的法律援助人员办理案件材料移交手续。

第三十九条 【终止法律援助后续事项的处理】

存在《中华人民共和国法律援助法》第四十八条规定情形，法律援助机构决定终止法律援助的，应当制作终止法律援助决定书，并于三日内，发送受援人、通知法律援助人员所属单位并函告办案机关。

受援人对法律援助机构终止法律援助的决定有异议的，按照本规定第二十二条、第二十三条办理。

☛ 条文主旨

本条是关于法律援助机构终止法律援助后续事项处理的规定。

☛ 条文释义

本条规定参照法律援助法第四十八条规定，修改、扩充了旧规定第三十三条规定的终止法律援助的情形。

一、法律援助机构决定终止法律援助的情形

根据法律援助法第四十八条的规定，在法律援助过程

中出现以下八种情形之一的，法律援助机构应当作出终止法律援助的决定，具体包括：1. 受援人以欺骗或者其他不正当手段获得法律援助；2. 受援人故意隐瞒与案件有关的重要事实或者提供虚假证据；3. 受援人利用法律援助从事违法活动；4. 受援人的经济状况发生变化，不再符合法律援助条件；5. 案件终止审理或者已经被撤销；6. 受援人自行委托律师或者其他代理人；7. 受援人有正当理由要求终止法律援助；8. 法律法规规定的其他情形。法律援助人员发现有以上八种情形之一的，应当及时向法律援助机构报告。

终止法律援助并不同于一般的法律援助服务完成，而是由特殊情况导致法律援助服务的非正常结束，因此需要对其相应的情形加以明确规定。

二、决定终止法律援助后的程序设置

《全国刑事法律援助服务规范》第 8.5.1.1 条第 e 款规定，法律援助机构经审查核实，决定终止法律援助的，应制作终止法律援助决定书，并送达受援人，同时函告承办机构和办案机关，承办机构与受援人解除委托辩护协议。

法律援助机构决定终止法律援助服务应当生成对应的法律文书，即"终止法律援助决定书"，该"终止法律援助决定书"一方面作为释明法律援助机构缘何终止法律援助服务的书面材料存在，另一方面用于通知受援人，使其了解被终止享受法律援助服务的原因，便于其行使申请复议等救济权利。除此之外，法律援助机构在作出终止法律援助决定并生成"终止法律援助决定书"后，应当将终止法律援助的情形通知法律援助人员所属单位并函告办案机关，以便于其对原法律援助案件加以处理。

三、受援人对终止法律援助决定存在异议的救济程序

终止法律援助的决定由法律援助机构单方面作出，理论上确实存在错误终止法律援助服务而使受援人合法权益无法及时得到保障的可能性，因此应当对受援人收到终止决定后的救济程序加以明确规定。

法律援助法第四十九条就受援人对法律援助机构终止法律援助的决定有异议情形对应的救济程序进行了规定，如果申请人、受援人对法律援助机构不予法律援助、终止法律援助的决定存在异议，其可以向设立该法律援助机构的司法行政部门提出。司法行政部门应当自收到异议之日起五日内进行审查，并作出维持法律援助机构决定或者责令法律援助机构改正的决定。申请人、受援人对司法行政部门维持法律援助机构决定不服的，可以依法申请行政复议或者提起行政诉讼。同时，《全国刑事法律援助服务规范》第8.5.1.1条第f款规定，"受援人对法律援助机构终止法律援助的决定有异议的，可向设立该法律援助机构的司法行政机关提出"。如上所述，受援人如果对法律援助

机构终止法律援助的决定有异议，可以通过向司法行政部门提出异议的方式得到救济，也可以就异议审查结果进一步申请行政复议或者提起行政诉讼的方式得到救济。

具体而言，按照《办理法律援助案件程序规定》第二十二条、第二十三条的规定，法律援助机构作出终止法律援助的决定并告知受援人后，其如果对法律援助机构终止法律援助的决定有异议，应当自收到决定之日起十五日内向设立该法律援助机构的司法行政机关提出。司法行政机关应当自收到异议之日起五日内对申请人的异议进行审查，认为申请人符合法律援助条件的，应当以书面形式责令法律援助机构对该申请人提供法律援助，同时书面告知申请人；认为申请人不符合法律援助条件的，应当作出维持法律援助机构不予法律援助的决定，书面告知申请人并说明理由。如果司法行政机关维持法律援助机构终止法律援助的决定，申请人对该决定不服，可以依法申请行政复议或者提起行政诉讼。

第四十条　【法律援助案件办理结束的材料归档与结案日期确定】法律援助案件办理结束后，法律援助人员应当及时向法律援助机构报告，并自结案之日起三十日内向法律援助机构提交结案归档材料。

刑事诉讼案件侦查阶段应以承办律师收到起诉意

见书或撤销案件的相关法律文书之日为结案日；审查
起诉阶段应以承办律师收到起诉书或不起诉决定书之
日为结案日；审判阶段以承办律师收到判决书、裁定
书、调解书之日为结案日。其他诉讼案件以法律援助
人员收到判决书、裁定书、调解书之日为结案日。劳
动争议仲裁案件或者行政复议案件以法律援助人员收
到仲裁裁决书、行政复议决定书之日为结案日。其他
非诉讼法律事务以受援人与对方当事人达成和解、调
解协议之日为结案日。无相关文书的，以义务人开始
履行义务之日为结案日。法律援助机构终止法律援助
的，以法律援助人员所属单位收到终止法律援助决定
书之日为结案日。

🖝　条文主旨

本条是关于法律援助案件办理结束后的材料归档和如
何确定结案日期的规定。

🖝　条文释义

本条规定在旧规定第三十四条的基础上，新增法律援
助人员办理案件结束后的报告要求，即在法律援助案件办
理结束后，法律援助人员应当向法律援助机构报告并提交
结案归档材料。同时，对旧规定第三十四条中不同类型案

件、案件处理不同阶段的结案日进行了进一步明确规定。

一、法律援助人员应报告并提交结案归档材料

（一）民事、行政法律援助案件办理结束的报告、归档规定及归档材料的具体内容

对于民事法律援助案件和行政法律援助案件办理结束的报告、归档规定及归档材料的具体内容，《全国民事行政法律援助服务规范》第 7.6.1 条规定："承办人员应于结案后制作结案报告，填写结案报告表，撰写包含所做工作、基本案情、主要代理或者答辩意见等内容的承办情况小结，并附卷归档。自案件办结之日起 30 日内向法律援助机构提交结案报告、承办业务卷和相关结案材料等以供审查。"除此之外，《全国民事行政法律援助服务规范》还在附录就民事行政法律援助立案和结案文书归档材料进行了规定，主要包括以下方面，分别为：

1. 《全国民事行政法律援助服务规范》A.1 规定的民事行政法律援助案件立案文书材料包括：a）法律援助申请书；b）申请人身份证明；c）代理人身份证明；d）有代理权限的证明；e）经济状况证明；f）与申请事项有关的证明材料；g）收件凭证；h）受理通知书；i）审批表；j）给予法律援助决定书或不予法律援助决定书；k）指派通知书；l）送达回证。

2. 《全国民事行政法律援助服务规范》A.2 规定的民

事代理法律援助案件结案文书材料包括：a）法律援助指派通知书；b）委托代理协议、授权委托书；c）谈话笔录；d）民事起诉状或答辩状、上诉状；e）阅卷笔录或相关的证据材料；f）出庭通知书；g）代理词（和解、调解结案除外）；h）庭审笔录；i）和解协议书；j）人民调解协议书；k）法院调解书或裁判文书；l）结案报告；m）质量监督管理相关文书。

3.《全国民事行政法律援助服务规范》A.3 规定的行政法律援助案件结案文书材料包括：a）法律援助指派通知书；b）委托协议、授权委托书；c）谈话笔录；d）代理词（复议调解结案除外）；e）庭审笔录；f）行政复议文书；g）法院裁判文书；h）结案报告；i）质量监督管理相关文书。

4.《全国民事行政法律援助服务规范》A.4 规定的民事非诉讼法律援助案件结案文书材料包括：a）法律援助指派通知书；b）委托协议；c）谈话笔录；d）与案件有关的证据材料、调查资料、意见书等；e）调解协议、调查结论、法律文书或法律意见书；f）具体办理法律事务的记录；g）结案报告；h）质量监督管理相关文书。

（二）刑事法律援助案件办理结束的报告、归档规定及归档材料的具体内容

对于刑事法律援助案件办理结束的报告、归档规定及

归档材料的具体内容，《全国刑事法律援助服务规范》第8.7.3 条规定："承办律师应在结案后逐项填写结案报告表，并自案件办结之日起 30 日内向法律援助机构提交立卷材料……"除此之外，《全国刑事法律援助服务规范》还在附录就刑事法律援助立案和结案文书归档材料进行了规定，主要包括以下方面，分别为：

1.《全国刑事法律援助服务规范》A.1 规定的刑事辩护侦查阶段归档材料包括：a）法律援助指派通知书（指派函）；b）委托辩护协议；c）通知辩护公函；d）会见笔录；e）律师法律意见书（或调解协议书）；f）释放证明或其他类似法律文书；g）撤案决定书；h）结案报告表；i）受援人权利、义务、诉讼风险告知书；j）其他与案件有关的证据、材料及文书。

2.《全国刑事法律援助服务规范》A.2 规定的刑事辩护审查起诉阶段归档材料包括：a）法律援助指派通知书（指派函）；b）委托辩护协议；c）通知辩护公函；d）会见笔录；e）阅卷材料；f）辩护意见；g）不起诉决定书或起诉意见书；h）结案报告表；i）受援人权利、义务、诉讼风险告知书；j）其他与案件有关的证据、材料及文书。

3.《全国刑事法律援助服务规范》A.3 规定的刑事辩护阶段归档材料包括：a）法律援助指派通知书（指派函）；b）委托辩护协议；c）通知辩护公函；d）起诉书副

本；e）会见笔录；f）阅卷材料；g）庭前会议材料；h）出庭通知书；i）庭审笔录；j）辩护词；k）判决书或裁定书；l）结案报告表；m）受援人权利、义务、诉讼风险告知书；n）其他与案件有关的证据、材料以及文书；o）二审案件还应提交一审判决书或裁定书和上诉书；p）重审或再审案件除提交上述材料外，还应提交重审或再审决定书。

4.《全国刑事法律援助服务规范》A.4规定的刑事代理审查起诉阶段归档材料包括：a）法律援助指派通知书（指派函）；b）委托代理协议、授权委托书；c）询问笔录；d）刑事代理意见书；e）刑事附带民事诉状；f）不起诉决定书；g）受援人权利、义务、诉讼风险告知书；h）其他。

5.《全国刑事法律援助服务规范》A.5规定的刑事代理审判阶段归档材料包括：a）法律援助指派通知书（指派函）；b）委托代理协议、授权委托书；c）起诉书副本；d）询问笔录；e）刑事代理意见书；f）庭审笔录；g）裁判文书；h）受援人权利、义务、诉讼风险告知书；i）其他。

二、刑事法律援助之结案日确定

《全国刑事法律援助服务规范》第8.7.3条对结案日进行了细致的规定，即："……侦查阶段应以承办律师收到起诉意见书或撤销案件的相关法律文书之日为结案日。

审查起诉阶段应以承办律师收到起诉书或不起诉决定书之日为结案日。诉讼案件以承办律师收到判决书、裁定书、调解书之日为结案日。无相关文书的，以义务人开始履行义务之日为结案日。法律援助机构终止法律援助的，以承办律师所属单位收到终止法律援助决定函之日为结案日。"

三、劳动争议仲裁、行政复议、其他非诉讼事务以及无相关文书法律援助案件结案日之确定

劳动争议仲裁案件或者行政复议案件、以法律援助人员收到对应的法律文书，即仲裁裁决书、行政复议决定书之日为结案日。对于其他非诉讼法律事务，如果达成和解、调解协议的，即以受援人与对方当事人达成和解、调解协议之日为结案日。如果案件处理无相关法律文书，则将义务人开始履行义务之日确定为结案日。

四、法律援助机构终止法律援助之结案日确定

法律援助机构决定终止法律援助属于法律援助的非常规结束方式，同样需要确定对应的结案日。根据《全国刑事法律援助服务规范》第8.7.3条之规定，"法律援助机构终止法律援助的，以承办律师所属单位收到终止法律援助决定函之日为结案日"。

第四十一条　【结案归档材料审查及法律援助补贴支付】法律援助机构应当自收到法律援助人员提交

的结案归档材料之日起三十日内进行审查。对于结案归档材料齐全规范的，应当及时向法律援助人员支付法律援助补贴。

☚ 条文主旨

本条是关于法律援助机构对法律援助人员工作结束后提交的结案归档材料进行审查，并支付法律援助补贴的规定。

☚ 条文释义

一、法律援助机构审查结案归档材料

法律援助人员提交法律援助案件的结案归档材料后，法律援助机构应当及时对材料进行审查。对于刑事法律援助案件，《全国刑事法律援助服务规范》第8.7.5条规定："法律援助机构应自收到承办律师提交的立卷材料之日起30日内审查完毕……"

对于民事、行政法律援助案件，《全国民事行政法律援助服务规范》第7.6.4条规定了法律援助机构对材料进行审查的期限以及要求，即"法律援助机构应自收到立案材料、结案材料之日起30日内完成审查，并完成结案审查表。提供的材料不符合要求的，应要求其补正；符合要求的，法律援助机构留存据以结案相关文书材料原件或复印

件、电子件"。

二、向法律援助人员支付法律援助补贴

根据法律援助法第五十二条第一款的规定，法律援助人员有权就其提供的法律援助服务获得补贴，法律援助机构应当依照有关规定及时向法律援助人员支付法律援助补贴。对于是否支付补贴、支付补贴的数额，《全国刑事法律援助服务规范》《全国民事行政法律援助服务规范》则是分别作出了规定：

第一，根据《全国刑事法律援助服务规范》第 8.7.5 条规定，对于材料齐全的，应根据本地法律援助经费管理办法，按照规定的范围、标准和程序及时支付办案补贴或报销有关费用。

第二，根据《全国民事行政法律援助服务规范》第 7.7 条关于法律援助机构支付办案补贴的规定，"法律援助机构支付办案补贴要求如下：a）法律援助机构审查案卷合格的，应根据本地法律援助经费管理办法，按照规定的范围、标准和程序，及时支付承办人员办案补贴或安排直接费用；b）法律援助机构审查案卷或者评定代理质量不合格的，可不发或少发办案补贴或直接费用"。

第四十二条　【法律援助案件结案材料的归档与管理】法律援助机构应当对法律援助案件申请、审查、指派等材料以及法律援助人员提交的结案归档材料进行整理，一案一卷，统一归档管理。

◖ 条文主旨

本条是关于法律援助机构对于法律援助案件材料的统一归档管理的规定。

◖ 条文释义

法律援助案件耗时较长、工作量较大，故而对应的材料数量繁多。为对法律援助案件的办理有较为全面的掌握与把控，法律援助机构应当对法律援助案件申请、审查、指派阶段的全部材料以及法律援助人员提交的结案归档材料进行整理，并以一案一卷的方式统一归档管理。

《全国民事行政法律援助服务规范》第 7.6.2 条规定了一案一卷及审查材料的内容，即"法律援助机构对承办人员提交的案件卷宗及受理、审查、指派等材料进行整理，一案一卷。案件卷宗应反映承办人员接受委托办理案件的全过程，包括立案和结案文书材料（见附录 A），有缺项的予以说明"。同时，《全国刑事法律援助服务规范》还对未成年受援人的案卷归档进行了特殊规定，即《全国刑事法律援助服务规范》第 8.7.6 条规定的"未成年受援人刑事法律援助案卷归档和查询，应符合未成年人犯罪记

录封存有关规定"。《全国刑事法律援助服务规范》第
8.7.7 条补充规定了刑事法律援助案卷管理的保密制度,
即 "刑事法律援助案卷管理应严格遵守保密制度,依法保
守法律援助工作中知悉的国家秘密、商业秘密和当事人隐
私"。

第六章　附　　则

第四十三条　【法律责任的追究】 法律援助机构、律师事务所、基层法律服务所和法律援助人员从事法律援助活动违反本规定的，依照《中华人民共和国法律援助法》《中华人民共和国律师法》《法律援助条例》《律师和律师事务所违法行为处罚办法》等法律、法规和规章的规定追究法律责任。

☛ **条文主旨**

本条是关于法律援助机构、律师事务所、基层法律服务所和法律援助人员违反《办理法律援助案件程序规定》的责任追究的规定。

☛ **条文释义**

本条规定在旧规定第三十七条列举《中华人民共和国律师法》《法律援助条例》《律师和律师事务所违法行为处罚办法》的基础上将《中华人民共和国法律援助法》新增为追究法律援助机构、律师事务所、基层法律服务所和法律援助人员法律责任的依据。

一、从事法律援助活动违反《办理法律援助案件程序规定》的责任追究

法律援助机构、律师事务所、基层法律服务所和法律援助人员在法律援助工作的开展中分别承担不同的职责，其履职是否符合要求，与受援人合法权益的保障息息相关。因此，《办理法律援助案件程序规定》对法律援助机构、律师事务所、基层法律服务所和法律援助人员提供法律援助服务的各项要求进行了详尽的规定，同时也对其违反规定的法律责任进行规定。

考虑到提供法律援助服务主体的多元性，本条规定明确应当参照法律援助法、律师法、《法律援助条例》和《律师和律师事务所违法行为处罚办法》等法律、法规和规章的规定追究法律责任。如法律援助法第六十一条、第六十二条、第六十三条分别规定了法律援助机构及其工作人员从事法律援助活动违反《办理法律援助案件程序规定》的责任追究等内容。申言之，当法律援助机构、律师事务所、基层法律服务所和法律援助人员在提供法律援助服务时出现法律援助法、律师法、《法律援助条例》和《律师和律师事务所违法行为处罚办法》规定的应当追究法律责任的情形时，则应按法律、法规和规章的规定对其加以处理。

二、其他法律、法规和规章规定的法律责任追究

除法律援助法、律师法、法律援助条例、《律师和律师事务所违法行为处罚办法》外，刑事诉讼法、民事诉讼法等法律法规均对律师承办刑事案件、民事案件等应当遵守的要求加以明确，如果法律援助机构、律师事务所、基层法律服务所和法律援助人员从事法律援助活动违反刑事诉讼法、民事诉讼法等相关规定，同样应当追究其法律责任。

第四十四条　【期间的确定】 本规定中期间开始的日，不算在期间以内。期间的最后一日是节假日的，以节假日后的第一日为期满日期。

◖ **条文主旨**

本条是关于《办理法律援助案件程序规定》中期间确定的规定。

◖ **条文释义**

对于期间的确定，刑事诉讼法第一百零五条第二款、第四款规定："期间开始的时和日不算在期间以内。""期间的最后一日为节假日的，以节假日后的第一日为期满日期，但犯罪嫌疑人、被告人或者罪犯在押期间，应当至期

满之日为止，不得因节假日而延长。"

第四十五条 【法律援助文书格式的统一】 法律援助文书格式由司法部统一规定。

● 条文主旨

本条是关于统一法律援助文书的格式的规定。

● 条文释义

法律援助文书格式由司法部统一制定，一是统一格式有利于法律援助案件异地办理的材料审查，二是统一格式有利于案件材料的电子化备案与流转。

一、统一格式有利于法律援助案件异地办理的材料审查

在司法实践中，有一定数量的法律援助案件需要异地办理。为便利不同地区法律援助机构与司法行政部门对于其他区域法律援助案件材料的审查，应当统一法律援助文书的格式。

二、统一格式有利于案件材料的电子化备案与流转

随着司法大数据潮流的进一步发展，法律援助服务的电子化趋势也不断显现。如《全国刑事法律援助服务规范》《全国民事行政法律援助服务规范》均对案件结案材料的电子化归档进行了规定。其中《全国刑事法律援助服务规范》第8.7.8条规定："各地法律援助机构应运用法律援助管理信息系统及时存储和更新刑事法律援助案件相关数据，并将产生的非涉密数据上传司法公有云，与司法部法律援助管理信息系统对接，实现刑事法律援助办案数据互通共享。"《全国民事行政法律援助服务规范》第7.6.5条则是规定："有条件的法律援助机构可建立电子案卷系统，并规范管理。"因此，为了便于法律援助案件材料在全国范围内的电子化保存与流转，全部法律援助文书应当采用司法部规定的统一格式。

第四十六条　【施行日期的确定】 本规定自 2023 年 9 月 1 日起施行。司法部 2012 年 4 月 9 日公布的《办理法律援助案件程序规定》（司法部令第 124 号）同时废止。

◖ **条文主旨**

本条是关于《办理法律援助案件程序规定》施行日期的规定。

◖ **条文释义**

《办理法律援助案件程序规定》的施行日期，是《办理法律援助案件程序规定》开始施行并发生法律效力的日期。

　　自法律援助法颁布、施行后，《办理法律援助案件程序规定》参照法律援助法对其原有内容进行了更新与修订，以更好地贯彻、实施法律援助法的规定，指导全国各地法律援助工作的有序开展。本条规定"本规定自 2023 年 9 月 1 日起施行"，则代表《办理法律援助案件程序规定》的生效时间为 2023 年 9 月 1 日。

附录

中华人民共和国法律援助法

（2021 年 8 月 20 日第十三届全国人民代表大会常务委员会第三十次会议通过　2021 年 8 月 20 日中华人民共和国主席令第 93 号公布　自 2022 年 1 月 1 日起施行）

目　　录

第一章　总　　则

第一条　为了规范和促进法律援助工作，保障公民和有关当事人的合法权益，保障法律正确实施，维护社会公平正义，制定本法。

第二条　本法所称法律援助，是国家建立的为经济困难公民和符合法定条件的其他当事人无偿提供法律咨询、代理、刑事辩护等法律服务的制度，是公共法律服务体系的组成部分。

第三条 法律援助工作坚持中国共产党领导，坚持以人民为中心，尊重和保障人权，遵循公开、公平、公正的原则，实行国家保障与社会参与相结合。

第四条 县级以上人民政府应当将法律援助工作纳入国民经济和社会发展规划、基本公共服务体系，保障法律援助事业与经济社会协调发展。

县级以上人民政府应当健全法律援助保障体系，将法律援助相关经费列入本级政府预算，建立动态调整机制，保障法律援助工作需要，促进法律援助均衡发展。

第五条 国务院司法行政部门指导、监督全国的法律援助工作。县级以上地方人民政府司法行政部门指导、监督本行政区域的法律援助工作。

县级以上人民政府其他有关部门依照各自职责，为法律援助工作提供支持和保障。

第六条 人民法院、人民检察院、公安机关应当在各自职责范围内保障当事人依法获得法律援助，为法律援助人员开展工作提供便利。

第七条 律师协会应当指导和支持律师事务所、律师参与法律援助工作。

第八条 国家鼓励和支持群团组织、事业单位、社会组织在司法行政部门指导下，依法提供法律援助。

第九条 国家鼓励和支持企业事业单位、社会组织和个人等社会力量，依法通过捐赠等方式为法律援助事业提供支持；对符合条件的，给予税收优惠。

第十条 司法行政部门应当开展经常性的法律援助宣传教

育，普及法律援助知识。

新闻媒体应当积极开展法律援助公益宣传，并加强舆论监督。

第十一条　国家对在法律援助工作中做出突出贡献的组织和个人，按照有关规定给予表彰、奖励。

第二章　机构和人员

第十二条　县级以上人民政府司法行政部门应当设立法律援助机构。法律援助机构负责组织实施法律援助工作，受理、审查法律援助申请，指派律师、基层法律服务工作者、法律援助志愿者等法律援助人员提供法律援助，支付法律援助补贴。

第十三条　法律援助机构根据工作需要，可以安排本机构具有律师资格或者法律职业资格的工作人员提供法律援助；可以设置法律援助工作站或者联络点，就近受理法律援助申请。

第十四条　法律援助机构可以在人民法院、人民检察院和看守所等场所派驻值班律师，依法为没有辩护人的犯罪嫌疑人、被告人提供法律援助。

第十五条　司法行政部门可以通过政府采购等方式，择优选择律师事务所等法律服务机构为受援人提供法律援助。

第十六条　律师事务所、基层法律服务所、律师、基层法律服务工作者负有依法提供法律援助的义务。

律师事务所、基层法律服务所应当支持和保障本所律师、基层法律服务工作者履行法律援助义务。

第十七条　国家鼓励和规范法律援助志愿服务；支持符合条件的个人作为法律援助志愿者，依法提供法律援助。

高等院校、科研机构可以组织从事法学教育、研究工作的人员和法学专业学生作为法律援助志愿者，在司法行政部门指导下，为当事人提供法律咨询、代拟法律文书等法律援助。

法律援助志愿者具体管理办法由国务院有关部门规定。

第十八条　国家建立健全法律服务资源依法跨区域流动机制，鼓励和支持律师事务所、律师、法律援助志愿者等在法律服务资源相对短缺地区提供法律援助。

第十九条　法律援助人员应当依法履行职责，及时为受援人提供符合标准的法律援助服务，维护受援人的合法权益。

第二十条　法律援助人员应当恪守职业道德和执业纪律，不得向受援人收取任何财物。

第二十一条　法律援助机构、法律援助人员对提供法律援助过程中知悉的国家秘密、商业秘密和个人隐私应当予以保密。

第三章　形式和范围

第二十二条　法律援助机构可以组织法律援助人员依法提供下列形式的法律援助服务：

（一）法律咨询；

（二）代拟法律文书；

（三）刑事辩护与代理；

（四）民事案件、行政案件、国家赔偿案件的诉讼代理及非诉讼代理；

（五）值班律师法律帮助；

（六）劳动争议调解与仲裁代理；

（七）法律、法规、规章规定的其他形式。

第二十三条　法律援助机构应当通过服务窗口、电话、网络等多种方式提供法律咨询服务；提示当事人享有依法申请法律援助的权利，并告知申请法律援助的条件和程序。

第二十四条　刑事案件的犯罪嫌疑人、被告人因经济困难或者其他原因没有委托辩护人的，本人及其近亲属可以向法律援助机构申请法律援助。

第二十五条　刑事案件的犯罪嫌疑人、被告人属于下列人员之一，没有委托辩护人的，人民法院、人民检察院、公安机关应当通知法律援助机构指派律师担任辩护人：

（一）未成年人；

（二）视力、听力、言语残疾人；

（三）不能完全辨认自己行为的成年人；

（四）可能被判处无期徒刑、死刑的人；

（五）申请法律援助的死刑复核案件被告人；

（六）缺席审判案件的被告人；

（七）法律法规规定的其他人员。

其他适用普通程序审理的刑事案件，被告人没有委托辩护人的，人民法院可以通知法律援助机构指派律师担任辩护人。

第二十六条　对可能被判处无期徒刑、死刑的人，以及死刑复核案件的被告人，法律援助机构收到人民法院、人民检察院、公安机关通知后，应当指派具有三年以上相关执业经历的律师担任辩护人。

第二十七条　人民法院、人民检察院、公安机关通知法律援助机构指派律师担任辩护人时，不得限制或者损害犯罪嫌疑人、被告人委托辩护人的权利。

第二十八条　强制医疗案件的被申请人或者被告人没有委

托诉讼代理人的，人民法院应当通知法律援助机构指派律师为其提供法律援助。

第二十九条　刑事公诉案件的被害人及其法定代理人或者近亲属，刑事自诉案件的自诉人及其法定代理人，刑事附带民事诉讼案件的原告人及其法定代理人，因经济困难没有委托诉讼代理人的，可以向法律援助机构申请法律援助。

第三十条　值班律师应当依法为没有辩护人的犯罪嫌疑人、被告人提供法律咨询、程序选择建议、申请变更强制措施、对案件处理提出意见等法律帮助。

第三十一条　下列事项的当事人，因经济困难没有委托代理人的，可以向法律援助机构申请法律援助：

（一）依法请求国家赔偿；

（二）请求给予社会保险待遇或者社会救助；

（三）请求发给抚恤金；

（四）请求给付赡养费、抚养费、扶养费；

（五）请求确认劳动关系或者支付劳动报酬；

（六）请求认定公民无民事行为能力或者限制民事行为能力；

（七）请求工伤事故、交通事故、食品药品安全事故、医疗事故人身损害赔偿；

（八）请求环境污染、生态破坏损害赔偿；

（九）法律、法规、规章规定的其他情形。

第三十二条　有下列情形之一，当事人申请法律援助的，不受经济困难条件的限制：

（一）英雄烈士近亲属为维护英雄烈士的人格权益；

（二）因见义勇为行为主张相关民事权益；

（三）再审改判无罪请求国家赔偿；

（四）遭受虐待、遗弃或者家庭暴力的受害人主张相关权益；

（五）法律、法规、规章规定的其他情形。

第三十三条 当事人不服司法机关生效裁判或者决定提出申诉或者申请再审，人民法院决定、裁定再审或者人民检察院提出抗诉，因经济困难没有委托辩护人或者诉讼代理人的，本人及其近亲属可以向法律援助机构申请法律援助。

第三十四条 经济困难的标准，由省、自治区、直辖市人民政府根据本行政区域经济发展状况和法律援助工作需要确定，并实行动态调整。

第四章 程序和实施

第三十五条 人民法院、人民检察院、公安机关和有关部门在办理案件或者相关事务中，应当及时告知有关当事人有权依法申请法律援助。

第三十六条 人民法院、人民检察院、公安机关办理刑事案件，发现有本法第二十五条第一款、第二十八条规定情形的，应当在三日内通知法律援助机构指派律师。法律援助机构收到通知后，应当在三日内指派律师并通知人民法院、人民检察院、公安机关。

第三十七条 人民法院、人民检察院、公安机关应当保障值班律师依法提供法律帮助，告知没有辩护人的犯罪嫌疑人、被告人有权约见值班律师，并依法为值班律师了解案件有关情况、阅卷、会见等提供便利。

第三十八条 对诉讼事项的法律援助，由申请人向办案机关所在地的法律援助机构提出申请；对非诉讼事项的法律援助，由申请人向争议处理机关所在地或者事由发生地的法律援助机构提出申请。

第三十九条 被羁押的犯罪嫌疑人、被告人、服刑人员，以及强制隔离戒毒人员等提出法律援助申请的，办案机关、监管场所应当在二十四小时内将申请转交法律援助机构。

犯罪嫌疑人、被告人通过值班律师提出代理、刑事辩护等法律援助申请的，值班律师应当在二十四小时内将申请转交法律援助机构。

第四十条 无民事行为能力人或者限制民事行为能力人需要法律援助的，可以由其法定代理人代为提出申请。法定代理人侵犯无民事行为能力人、限制民事行为能力人合法权益的，其他法定代理人或者近亲属可以代为提出法律援助申请。

被羁押的犯罪嫌疑人、被告人、服刑人员，以及强制隔离戒毒人员，可以由其法定代理人或者近亲属代为提出法律援助申请。

第四十一条 因经济困难申请法律援助的，申请人应当如实说明经济困难状况。

法律援助机构核查申请人的经济困难状况，可以通过信息共享查询，或者由申请人进行个人诚信承诺。

法律援助机构开展核查工作，有关部门、单位、村民委员会、居民委员会和个人应当予以配合。

第四十二条 法律援助申请人有材料证明属于下列人员之一的，免予核查经济困难状况：

（一）无固定生活来源的未成年人、老年人、残疾人等特定群体；

（二）社会救助、司法救助或者优抚对象；

（三）申请支付劳动报酬或者请求工伤事故人身损害赔偿的进城务工人员；

（四）法律、法规、规章规定的其他人员。

第四十三条 法律援助机构应当自收到法律援助申请之日起七日内进行审查，作出是否给予法律援助的决定。决定给予法律援助的，应当自作出决定之日起三日内指派法律援助人员为受援人提供法律援助；决定不给予法律援助的，应当书面告知申请人，并说明理由。

申请人提交的申请材料不齐全的，法律援助机构应当一次性告知申请人需要补充的材料或者要求申请人作出说明。申请人未按要求补充材料或者作出说明的，视为撤回申请。

第四十四条 法律援助机构收到法律援助申请后，发现有下列情形之一的，可以决定先行提供法律援助：

（一）距法定时效或者期限届满不足七日，需要及时提起诉讼或者申请仲裁、行政复议；

（二）需要立即申请财产保全、证据保全或者先予执行；

（三）法律、法规、规章规定的其他情形。

法律援助机构先行提供法律援助的，受援人应当及时补办有关手续，补充有关材料。

第四十五条 法律援助机构为老年人、残疾人提供法律援助服务的，应当根据实际情况提供无障碍设施设备和服务。

法律法规对向特定群体提供法律援助有其他特别规定的，依照其规定。

第四十六条 法律援助人员接受指派后，无正当理由不得拒绝、拖延或者终止提供法律援助服务。

法律援助人员应当按照规定向受援人通报法律援助事项办理情况，不得损害受援人合法权益。

第四十七条　受援人应当向法律援助人员如实陈述与法律援助事项有关的情况，及时提供证据材料，协助、配合办理法律援助事项。

第四十八条　有下列情形之一的，法律援助机构应当作出终止法律援助的决定：

（一）受援人以欺骗或者其他不正当手段获得法律援助；

（二）受援人故意隐瞒与案件有关的重要事实或者提供虚假证据；

（三）受援人利用法律援助从事违法活动；

（四）受援人的经济状况发生变化，不再符合法律援助条件；

（五）案件终止审理或者已经被撤销；

（六）受援人自行委托律师或者其他代理人；

（七）受援人有正当理由要求终止法律援助；

（八）法律法规规定的其他情形。

法律援助人员发现有前款规定情形的，应当及时向法律援助机构报告。

第四十九条　申请人、受援人对法律援助机构不予法律援助、终止法律援助的决定有异议的，可以向设立该法律援助机构的司法行政部门提出。

司法行政部门应当自收到异议之日起五日内进行审查，作出维持法律援助机构决定或者责令法律援助机构改正的决定。

申请人、受援人对司法行政部门维持法律援助机构决定不服的，可以依法申请行政复议或者提起行政诉讼。

第五十条　法律援助事项办理结束后，法律援助人员应当及时向法律援助机构报告，提交有关法律文书的副本或者复印件、办理情况报告等材料。

第五章 保障和监督

第五十一条 国家加强法律援助信息化建设，促进司法行政部门与司法机关及其他有关部门实现信息共享和工作协同。

第五十二条 法律援助机构应当依照有关规定及时向法律援助人员支付法律援助补贴。

法律援助补贴的标准，由省、自治区、直辖市人民政府司法行政部门会同同级财政部门，根据当地经济发展水平和法律援助的服务类型、承办成本、基本劳务费用等确定，并实行动态调整。

法律援助补贴免征增值税和个人所得税。

第五十三条 人民法院应当根据情况对受援人缓收、减收或者免收诉讼费用；对法律援助人员复制相关材料等费用予以免收或者减收。

公证机构、司法鉴定机构应当对受援人减收或者免收公证费、鉴定费。

第五十四条 县级以上人民政府司法行政部门应当有计划地对法律援助人员进行培训，提高法律援助人员的专业素质和服务能力。

第五十五条 受援人有权向法律援助机构、法律援助人员了解法律援助事项办理情况；法律援助机构、法律援助人员未依法履行职责的，受援人可以向司法行政部门投诉，并可以请求法律援助机构更换法律援助人员。

第五十六条 司法行政部门应当建立法律援助工作投诉查处制度；接到投诉后，应当依照有关规定受理和调查处理，并及时向投诉人告知处理结果。

第五十七条　司法行政部门应当加强对法律援助服务的监督，制定法律援助服务质量标准，通过第三方评估等方式定期进行质量考核。

第五十八条　司法行政部门、法律援助机构应当建立法律援助信息公开制度，定期向社会公布法律援助资金使用、案件办理、质量考核结果等情况，接受社会监督。

第五十九条　法律援助机构应当综合运用庭审旁听、案卷检查、征询司法机关意见和回访受援人等措施，督促法律援助人员提升服务质量。

第六十条　律师协会应当将律师事务所、律师履行法律援助义务的情况纳入年度考核内容，对拒不履行或者怠于履行法律援助义务的律师事务所、律师，依照有关规定进行惩戒。

第六章　法律责任

第六十一条　法律援助机构及其工作人员有下列情形之一的，由设立该法律援助机构的司法行政部门责令限期改正；有违法所得的，责令退还或者没收违法所得；对直接负责的主管人员和其他直接责任人员，依法给予处分：

（一）拒绝为符合法律援助条件的人员提供法律援助，或者故意为不符合法律援助条件的人员提供法律援助；

（二）指派不符合本法规定的人员提供法律援助；

（三）收取受援人财物；

（四）从事有偿法律服务；

（五）侵占、私分、挪用法律援助经费；

（六）泄露法律援助过程中知悉的国家秘密、商业秘密和个人隐私；

（七）法律法规规定的其他情形。

第六十二条　律师事务所、基层法律服务所有下列情形之一的，由司法行政部门依法给予处罚：

（一）无正当理由拒绝接受法律援助机构指派；

（二）接受指派后，不及时安排本所律师、基层法律服务工作者办理法律援助事项或者拒绝为本所律师、基层法律服务工作者办理法律援助事项提供支持和保障；

（三）纵容或者放任本所律师、基层法律服务工作者怠于履行法律援助义务或者擅自终止提供法律援助；

（四）法律法规规定的其他情形。

第六十三条　律师、基层法律服务工作者有下列情形之一的，由司法行政部门依法给予处罚：

（一）无正当理由拒绝履行法律援助义务或者怠于履行法律援助义务；

（二）擅自终止提供法律援助；

（三）收取受援人财物；

（四）泄露法律援助过程中知悉的国家秘密、商业秘密和个人隐私；

（五）法律法规规定的其他情形。

第六十四条　受援人以欺骗或者其他不正当手段获得法律援助的，由司法行政部门责令其支付已实施法律援助的费用，并处三千元以下罚款。

第六十五条　违反本法规定，冒用法律援助名义提供法律服务并谋取利益的，由司法行政部门责令改正，没收违法所得，并处违法所得一倍以上三倍以下罚款。

第六十六条 国家机关及其工作人员在法律援助工作中滥用职权、玩忽职守、徇私舞弊的，对直接负责的主管人员和其他直接责任人员，依法给予处分。

第六十七条 违反本法规定，构成犯罪的，依法追究刑事责任。

第七章 附 则

第六十八条 工会、共产主义青年团、妇女联合会、残疾人联合会等群团组织开展法律援助工作，参照适用本法的相关规定。

第六十九条 对外国人和无国籍人提供法律援助，我国法律有规定的，适用法律规定；我国法律没有规定的，可以根据我国缔结或者参加的国际条约，或者按照互惠原则，参照适用本法的相关规定。

第七十条 对军人军属提供法律援助的具体办法，由国务院和中央军事委员会有关部门制定。

第七十一条 本法自 2022 年 1 月 1 日起施行。

法律援助条例

（2003 年 7 月 16 日国务院第 15 次常务会议通过
2003 年 7 月 21 日中华人民共和国国务院令第 385
号公布　自 2003 年 9 月 1 日起施行）

第一章　总　　则

第一条　为了保障经济困难的公民获得必要的法律服务，促进和规范法律援助工作，制定本条例。

第二条　符合本条例规定的公民，可以依照本条例获得法律咨询、代理、刑事辩护等无偿法律服务。

第三条　法律援助是政府的责任，县级以上人民政府应当采取积极措施推动法律援助工作，为法律援助提供财政支持，保障法律援助事业与经济、社会协调发展。

法律援助经费应当专款专用，接受财政、审计部门的监督。

第四条　国务院司法行政部门监督管理全国的法律援助工作。县级以上地方各级人民政府司法行政部门监督管理本行政区域的法律援助工作。

中华全国律师协会和地方律师协会应当按照律师协会章程对依据本条例实施的法律援助工作予以协助。

第五条　直辖市、设区的市或者县级人民政府司法行政部门根据需要确定本行政区域的法律援助机构。

法律援助机构负责受理、审查法律援助申请，指派或者安排人员为符合本条例规定的公民提供法律援助。

第六条　律师应当依照律师法和本条例的规定履行法律援助义务，为受援人提供符合标准的法律服务，依法维护受援人的合法权益，接受律师协会和司法行政部门的监督。

第七条　国家鼓励社会对法律援助活动提供捐助。

第八条　国家支持和鼓励社会团体、事业单位等社会组织利用自身资源为经济困难的公民提供法律援助。

第九条　对在法律援助工作中作出突出贡献的组织和个人，有关的人民政府、司法行政部门应当给予表彰、奖励。

第二章　法律援助范围

第十条　公民对下列需要代理的事项，因经济困难没有委托代理人的，可以向法律援助机构申请法律援助：

（一）依法请求国家赔偿的；

（二）请求给予社会保险待遇或者最低生活保障待遇的；

（三）请求发给抚恤金、救济金的；

（四）请求给付赡养费、抚养费、扶养费的；

（五）请求支付劳动报酬的；

（六）主张因见义勇为行为产生的民事权益的。

省、自治区、直辖市人民政府可以对前款规定以外的法律援助事项作出补充规定。

公民可以就本条第一款、第二款规定的事项向法律援助机构申请法律咨询。

第十一条　刑事诉讼中有下列情形之一的，公民可以向法律援助机构申请法律援助：

（一）犯罪嫌疑人在被侦查机关第一次讯问后或者采取强制措施之日起，因经济困难没有聘请律师的；

（二）公诉案件中的被害人及其法定代理人或者近亲属，自案件移送审查起诉之日起，因经济困难没有委托诉讼代理人的；

（三）自诉案件的自诉人及其法定代理人，自案件被人民法院受理之日起，因经济困难没有委托诉讼代理人的。

第十二条 公诉人出庭公诉的案件，被告人因经济困难或者其他原因没有委托辩护人，人民法院为被告人指定辩护时，法律援助机构应当提供法律援助。

被告人是盲、聋、哑人或者未成年人而没有委托辩护人的，或者被告人可能被判处死刑而没有委托辩护人的，人民法院为被告人指定辩护时，法律援助机构应当提供法律援助，无须对被告人进行经济状况的审查。

第十三条 本条例所称公民经济困难的标准，由省、自治区、直辖市人民政府根据本行政区域经济发展状况和法律援助事业的需要规定。

申请人住所地的经济困难标准与受理申请的法律援助机构所在地的经济困难标准不一致的，按照受理申请的法律援助机构所在地的经济困难标准执行。

第三章 法律援助申请和审查

第十四条 公民就本条例第十条所列事项申请法律援助，应当按照下列规定提出：

（一）请求国家赔偿的，向赔偿义务机关所在地的法律援助机构提出申请；

（二）请求给予社会保险待遇、最低生活保障待遇或者请求发给抚恤金、救济金的，向提供社会保险待遇、最低生活保障待遇或者发给抚恤金、救济金的义务机关所在地的法律援助机构提出申请；

（三）请求给付赡养费、抚养费、扶养费的，向给付赡养费、抚养费、扶养费的义务人住所地的法律援助机构提出申请；

（四）请求支付劳动报酬的，向支付劳动报酬的义务人住所地的法律援助机构提出申请；

（五）主张因见义勇为行为产生的民事权益的，向被请求人住所地的法律援助机构提出申请。

第十五条　本条例第十一条所列人员申请法律援助的，应当向审理案件的人民法院所在地的法律援助机构提出申请。被羁押的犯罪嫌疑人的申请由看守所在 24 小时内转交法律援助机构，申请法律援助所需提交的有关证件、证明材料由看守所通知申请人的法定代理人或者近亲属协助提供。

第十六条　申请人为无民事行为能力人或者限制民事行为能力人的，由其法定代理人代为提出申请。

无民事行为能力人或者限制民事行为能力人与其法定代理人之间发生诉讼或者因其他利益纠纷需要法律援助的，由与该争议事项无利害关系的其他法定代理人代为提出申请。

第十七条　公民申请代理、刑事辩护的法律援助应当提交下列证件、证明材料：

（一）身份证或者其他有效的身份证明，代理申请人还应当提交有代理权的证明；

（二）经济困难的证明；

（三）与所申请法律援助事项有关的案件材料。

申请应当采用书面形式，填写申请表；以书面形式提出申请确有困难的，可以口头申请，由法律援助机构工作人员或者代为转交申请的有关机构工作人员作书面记录。

第十八条　法律援助机构收到法律援助申请后，应当进行审查；认为申请人提交的证件、证明材料不齐全的，可以要求申请人作出必要的补充或者说明，申请人未按要求作出补充或者说明的，视为撤销申请；认为申请人提交的证件、证明材料需要查证的，由法律援助机构向有关机关、单位查证。

对符合法律援助条件的，法律援助机构应当及时决定提供法律援助；对不符合法律援助条件的，应当书面告知申请人理由。

第十九条　申请人对法律援助机构作出的不符合法律援助条件的通知有异议的，可以向确定该法律援助机构的司法行政部门提出，司法行政部门应当在收到异议之日起 5 个工作日内进行审查，经审查认为申请人符合法律援助条件的，应当以书面形式责令法律援助机构及时对该申请人提供法律援助。

第四章　法律援助实施

第二十条　由人民法院指定辩护的案件，人民法院在开庭 10 日前将指定辩护通知书和起诉书副本或者判决书副本送交其所在地的法律援助机构；人民法院不在其所在地审判的，可以将指定辩护通知书和起诉书副本或者判决书副本送交审判地的法律援助机构。

第二十一条　法律援助机构可以指派律师事务所安排律师

或者安排本机构的工作人员办理法律援助案件；也可以根据其他社会组织的要求，安排其所属人员办理法律援助案件。对人民法院指定辩护的案件，法律援助机构应当在开庭 3 日前将确定的承办人员名单回复作出指定的人民法院。

第二十二条 办理法律援助案件的人员，应当遵守职业道德和执业纪律，提供法律援助不得收取任何财物。

第二十三条 办理法律援助案件的人员遇有下列情形之一的，应当向法律援助机构报告，法律援助机构经审查核实的，应当终止该项法律援助：

（一）受援人的经济收入状况发生变化，不再符合法律援助条件的；

（二）案件终止审理或者已被撤销的；

（三）受援人又自行委托律师或者其他代理人的；

（四）受援人要求终止法律援助的。

第二十四条 受指派办理法律援助案件的律师或者接受安排办理法律援助案件的社会组织人员在案件结案时，应当向法律援助机构提交有关的法律文书副本或者复印件以及结案报告等材料。

法律援助机构收到前款规定的结案材料后，应当向受指派办理法律援助案件的律师或者接受安排办理法律援助案件的社会组织人员支付法律援助办案补贴。

法律援助办案补贴的标准由省、自治区、直辖市人民政府司法行政部门会同同级财政部门，根据当地经济发展水平，参考法律援助机构办理各类法律援助案件的平均成本等因素核定，并可以根据需要调整。

第二十五条 法律援助机构对公民申请的法律咨询服务，应当即时办理；复杂疑难的，可以预约择时办理。

第五章 法 律 责 任

第二十六条 法律援助机构及其工作人员有下列情形之一的，对直接负责的主管人员以及其他直接责任人员依法给予纪律处分：

（一）为不符合法律援助条件的人员提供法律援助，或者拒绝为符合法律援助条件的人员提供法律援助的；

（二）办理法律援助案件收取财物的；

（三）从事有偿法律服务的；

（四）侵占、私分、挪用法律援助经费的。

办理法律援助案件收取的财物，由司法行政部门责令退还；从事有偿法律服务的违法所得，由司法行政部门予以没收；侵占、私分、挪用法律援助经费的，由司法行政部门责令追回，情节严重，构成犯罪的，依法追究刑事责任。

第二十七条 律师事务所拒绝法律援助机构的指派，不安排本所律师办理法律援助案件的，由司法行政部门给予警告、责令改正；情节严重的，给予1个月以上3个月以下停业整顿的处罚。

第二十八条 律师有下列情形之一的，由司法行政部门给予警告、责令改正；情节严重的，给予1个月以上3个月以下停止执业的处罚：

（一）无正当理由拒绝接受、擅自终止法律援助案件的；

（二）办理法律援助案件收取财物的。

有前款第（二）项违法行为的，由司法行政部门责令退还违法所得的财物，可以并处所收财物价值1倍以上3倍以下的罚款。

第二十九条 律师办理法律援助案件违反职业道德和执业纪律的，按照律师法的规定予以处罚。

第三十条 司法行政部门工作人员在法律援助的监督管理工作中，有滥用职权、玩忽职守行为的，依法给予行政处分；情节严重，构成犯罪的，依法追究刑事责任。

第六章 附 则

第三十一条 本条例自 2003 年 9 月 1 日起施行。

全国民事行政法律援助服务规范

（2019 年 11 月 15 日　SF/T　0058—2019）

目　次

前 言

本标准按照 GB/T 1.1—2009 给出的规则起草。

本标准由司法部公共法律服务管理局提出。

本标准由司法部信息中心归口。

本标准起草单位：司法部公共法律服务管理局、司法部信息中心。

本标准主要起草人：施汉生、宋洪流、孙春英、李雪莲、奚军庆、胡琦。

全国民事行政法律援助服务规范

1 范围

本标准规定了民事行政法律援助的服务原则、服务类型以及法律咨询、诉讼案件代理、非诉讼案件代理和服务质量控制等要求。

本标准适用于全国民事行政法律援助工作的组织实施和监督管理工作。

2 规范性引用文件

下列文件对于本文件的应用是必不可少的。凡是注日期的引用文件，仅注日期的版本适用于本文件。凡是不注日期的引用文件，其最新版本（包括所有的修改单）适用于本文件。

司法部令第 124 号　办理法律援助案件程序规定

司发通〔2013〕34 号　法律援助文书格式

司办通〔2017〕129 号　12348 中国法网网上服务规范

3 术语和定义

下列术语和定义适用于本文件。

3.1

民事行政法律援助 civil administrative legal aid

由司法行政机关确立的法律援助机构组织承办人员，依法为符合条件的公民无偿提供法律咨询、民事和行政案件代理等服务的法律保障制度。

3.2

法律援助机构 legal aid agency

负责受理、审查法律援助申请，指派或安排承办人员为符合法律援助条件的公民提供法律援助服务的机构。

［SF/T 0024—2017，定义3.2］

3.3

民事行政法律援助承办机构 civil administrative legal aid undertaker agency

承办机构 undertaker agency

依法承办民事行政法律援助事项的法律援助机构、司法所、律师事务所、基层法律服务所或者其他社会组织。

3.4

民事行政法律援助承办人员 civil administrative legal aid undertaker

承办人员 undertaker

依法承办民事行政法律援助事项的法律援助机构工作人员、律师、基层法律服务工作者、其他社会组织工作人员和法律援助志愿者等。

3.5

民事行政法律援助受援人 person receiving civil administrative legal aid

受援人 person receiving legal aid

已申请民事行政法律援助并提交证明文件，经法律援助机构审查并批准，接受民事行政案件代理等服务的人员，以及免于审查获得法律咨询服务的人员。

4 服务原则

4.1 公正

应根据民事行政法律援助服务范围，公平公正地保障所有符合条件的公民获得民事、行政法律援助服务。

4.2 依法

法律援助机构应依法受理及审查民事行政法律援助申请、指派承办人员、提供民事行政法律援助服务。

提供民事行政法律援助服务的承办人员，应严格遵守法律法规和行业规范，符合法定程序，维护法律正确实施。

4.3 统一

公民申请的民事行政法律援助案件，应由法律援助机构统一受理、审查、指派和监督。

4.4 效率

法律援助机构应遵循一次性告知、限时办理等规定要求。

承办人员应根据案情及受援人需求，及时通过咨询、和解、调解、仲裁和诉讼等服务方式提供服务，有效维护受援人合法权益。

5 服务类型

民事行政法律援助服务类型应包括：

a）法律咨询服务；

b）诉讼案件代理服务；

c）非诉讼案件代理服务。

6 法律咨询

6.1 角色划分

法律咨询服务涉及的角色包括：

a) 受援人；

b) 法律援助机构；

c) 承办人员。

6.2 受援人

受援人咨询时应提供真实的必要个人信息，可通过来访、电话、信函和网络等咨询方式提出民事行政法律援助咨询。

6.3 法律援助机构

法律援助机构应向社会公示提出民事行政法律咨询的途径和方式，在法律援助中心、司法所、公共法律服务中心（工作站、工作室）、法律服务网以及"12348"公共法律服务热线等，安排专人解答咨询。

6.4 承办人员

6.4.1 基本要求

基本要求如下：

a) 解答咨询前：

 1) 对于信函方式咨询，应先对收到的书面咨询事项进行审查，区分不同情况，在 7 个工作日内作出处理决定；

 2) 对于来访、电话或网络方式咨询，应登记受援人基本信息和联系方式，倾听受援人陈述，问清事实经过和受援人的诉求。如受援人拒绝提供身份信息，应在咨询记录上载明。

b) 解答咨询时：

    1) 若咨询事项符合法律援助条件的，应告知其申请法律援助的条件和程序，指导其申请法律援助；

    2) 若咨询事项不属于法律援助范围的，应为受援人提出法律建议；

    3) 若咨询事项不属于法律问题或者与法律援助无关的，告知受援人应咨询的部门或渠道。

c) 咨询结束后，应做好主要咨询信息记录工作。条件允许的地区，可采取电子化手段记录咨询活动；

d) 疑难复杂的法律问题难以当时答复的，可约期办理；

e) 对于案件咨询，应审查是否符合法律援助条件，符合法律援助条件的，指导其申请法律援助；符合法律援助条件但不属于本机构受理的，应指导其向有管辖权的法律援助机构申请；

f) 若受援人为行动不便的老年人、残疾人，可视情提供上门服务。

6.4.2 解答信函方式咨询

承办人员解答信函方式咨询时，除符合 6.4.1 要求外，还应符合以下要求：

a) 咨询事项较为简单的，直接书面回复或电话联系受援人，告知相关法律法规，解答法律问题；

b) 咨询事项较为复杂的，书面回复或电话联系受援人，建议其携带相关材料就近到当地法律援助机构进行当面咨询，或者拨打"12348"公共法律服务热线咨询。

6.4.3 解答网络方式咨询

承办人员解答网络方式咨询时，除符合 6.4.1 要求外，还应按司办通〔2017〕129 号规定符合以下要求：

a）对于留言咨询问题，应在 24h 内进行解答；

b）对于在线即时咨询问题，应在 5h 内进行解答；

c）对用户所提问题暂时无法答复的，可约期答复。

7　诉讼案件代理

7.1　涉及的角色和环节

7.1.1　角色

民事行政诉讼案件代理服务涉及的角色应包括：申请人、法律援助机构、承办机构、承办人员、受援人和司法行政机关。

注：申请人是有民事行政法律援助代理需求，提出法律援助申请的人员。

7.1.2　环节

依据司法部令第 124 号，民事行政诉讼案件代理服务的环节包括受理、审查、指派、承办和结案。

7.2　受理

7.2.1　申请人

申请人提供申请材料应包括：

a）法律援助申请表；

b）申请人身份证或其他有效的身份证明，申请代理人还应提交有代理权的证明；

c）申请人经济状况证明或经济困难证件、证明材料；

d）与所申请法律援助事项有关的案件材料。

7.2.2　法律援助机构

7.2.2.1　基本要求

法律援助机构及其工作人员受理申请基本要求如下：

a) 应全面了解案件事实和法律诉求，并向申请人说明提供法律援助的条件；

b) 发放申请材料一次性告知书，指导各类表（证）填写；

c) 对不符合法律援助条件的，应做好告知和解释工作。

7.2.2.2 接收申请材料要求

法律援助机构工作人员接收申请材料要求如下：

a) 应向申请人出具收到申请材料的书面凭证，载明收到申请材料的名称、数量和日期；

b) 申请材料中有复印件的，应要求申请人提供原件；

c) 原件丢失的，应要求申请人补办，无法提供原件的，应指导申请人或其代理人签署情况属实的书面承诺；

d) 材料当场可以补正的，应指导申请人当场补正。

7.3　审查

7.3.1 法律援助机构

7.3.1.1 基本要求

基本要求如下：

a) 经审查认为提交的申请材料不齐全或者内容不清楚的，应一次性告知其需要补正的材料清单和时限；

b) 经审查认为提交的申请材料需要查证的，法律援助机构应向有关部门和单位进行调查核实，需要异地法律援助机构协助查证的，可发出法律援助协作函，请求查证事项所在地的法律援助机构协作；

c) 申请人未按要求补充材料或者作出说明的，视为撤销申请；

d) 申请人补充材料所需时间、法律援助机构查证时间不计入审查期限。

7.3.1.2 给予法律援助的要求

法律援助机构决定是否给予法律援助的要求如下：

a) 法律援助机构应自受理申请之日起 7 个工作日内作出是否给予法律援助的决定；

b) 对符合法律援助条件的，应决定给予法律援助，并制作给予法律援助决定书；

c) 对不符合法律援助条件的，应决定不予法律援助，制作不予法律援助决定书，并载明不予法律援助的理由及申请人提出异议的权利，同时做好告知和解释工作；

d) 给予法律援助决定书和不予法律援助决定书应及时送交申请人。

7.3.1.3 先行提供法律援助的要求

法律援助机构决定先行提供法律援助的要求如下：

a) 对于紧急或者特殊情形案件，包括距离法定时效届满不足 7 日的，应立即申请财产保全、证据保全或者先予执行的，对可能引发治安案件、刑事案件、群体性事件的，可决定先行提供法律援助；

b) 法律援助机构决定先行提供法律援助的，应向受援人送交权利义务风险一次性告知书，要求受援人在规定期限内补交申请材料；

c) 法律援助机构审查补交的申请材料，认为受援人不符合法律援助条件的，应终止法律援助。

7.3.2 异议审查要求

申请人对不予法律援助决定提出异议及异议审查的要求如下：

a) 申请人可自接到不予法律援助决定书之日起 15 日内向主管该法律援助机构的司法行政机关提出异议审查；

b) 司法行政机关应在 5 个工作日内出具答复意见书并送达异议申请人；

c) 对司法行政机关答复意见不服的，申请人可依法提起行政复议或行政诉讼。

7.4　指派

7.4.1　法律援助机构

7.4.1.1　基本要求

法律援助机构指派基本要求如下：

a) 法律援助机构应自作出给予法律援助决定之日起 7 个工作日内，指派或安排承办机构及承办人员办理民事行政法律援助案件；

b) 应根据当地民事行政法律援助承办机构的分布情况、人员数量、资质、专业特长以及受援人意愿、案由案情等因素，合理确定承办机构和承办人员；

c) 不应指派或安排与案件审理结果有利害关系及有其它利益冲突、可能损害受援人利益的机构和人员；

d) 受援人为未成年人或女性的，具备条件的应优先指派熟悉未成年人或女性身心特点的承办人员办理；

e) 对有重大社会影响、存在矛盾纠纷激化隐患和可能影响社会稳定的重大疑难复杂案件，可指派或安排熟悉相关业务的承办人员办理，并指导其向办案机关寻求必要支持。

7.4.1.2　群体性法律援助案件的指派

法律援助机构对群体性法律援助案件的指派要求如下：

a) 应根据受援人数量和可用承办人员数量等因素决定指派承办人员的数量；

b) 同一案件双方均为受援人的，不应指派同一承办人员或同一承办机构的人员。但受援人双方书面同意的，可指派给同一承办机构的不同人员。

7.4.1.3 承办人员的变更指派

法律援助机构对承办人员的变更指派要求如下：

a）法律援助机构经审查核实承办人员符合下列情形之一的，应变更指派：

　　1）承办人员不依法履行义务，受援人向法律援助机构申请更换承办人员的；

　　2）受援人与承办人员就法律关系确认、事实认定和法律适用等重要事项无法达成一致，申请更换承办人员的；

　　3）承办人员与该案件存在利益冲突的；

　　4）承办人员因不可抗力等特殊情况无法继续承办，请求法律援助机构另行指派的。

b）受援人或承办人员申请变更承办人员的，法律援助机构应在5个工作日内决定是否更换；

c）决定更换承办人员的，法律援助机构应在3个工作日内将新的承办人员的姓名和联系方式告知受援人或者其法定代理人、近亲属，并函告办案机关；原承办机构应与受援人解除或者变更委托代理协议，原承办人员应在3个工作日内与变更后的承办人员办理案件材料移交手续。

7.4.2 承办人员

承办人员接受指派后，不应将案件自行转委托他人承办法律援助案件。请求更换承办人员的，应向法律援助机构报告并经批准。

7.5　承办

7.5.1　收案

7.5.1.1　承办机构

承办机构收案要求如下：

a) 自收到指派通知书之日起 3 个工作日内，应安排承办人员到法律援助机构办理接受指派相关手续，并将承办人员的姓名和联系方式告知法律援助机构；

b) 自指派或者安排承办人员之日起 5 个工作日内，将承办人员姓名和联系方式告知受援人，并与受援人或者其法定代理人、近亲属签订委托代理协议，明确约定双方的权利和义务；

c) 对承办人员办案进行业务指导，及时纠正承办人员违反职业道德、执业纪律的行为，可视情向法律援助机构建议变更承办人员。

7.5.1.2　承办人员

承办人员收案要求如下：

a) 应告知受援人签署授权委托书，授权委托书应载明委托事项和权限；

b) 代为承认、放弃和变更诉讼请求，进行和解以及提起反诉或者上诉的，承办人员应有受援人的特别授权；

c) 接受指派后无正当理由不应拒绝代理；

d) 因受援人提出不合理或违法要求，致使承办人员无法依法履行法律援助职责的，经法律援助机构同意后可拒绝代理；

e) 不应向受援人收取钱物或者谋取其他不正当利益。

7.5.2　承办人员约见受援人

7.5.2.1 承办人员应在收到指派通知书之日起 5 个工作日内约

见受援人或者其法定代理人、近亲属，了解以下事项：

a）案件事实经过、经司法程序处理背景、争议焦点和诉讼时效等基本情况；

b）受援人的诉求；

c）案件相关证据材料及证据线索。

7.5.2.2 承办人员约见受援人或其法定代理人、近亲属，要求如下：

a）应制作谈话笔录，受援人确认内容无误后可在谈话笔录上签名或者捺印。受援人无阅读能力的，承办人员应向受援人宣读笔录，并在笔录上载明；

b）向受援人通报案件办理情况，与其商定代理方案、和解或者调解方案及申请财产保全、证据保全、先予执行等；

c）建立案件卷宗，整理受援人提供的案件材料，规范制作法律文书；

d）对行动不便的残疾人和老年人，可视情提供上门服务；

e）不应诱导、教唆受援人作出不符合事实的陈述，不应泄露国家秘密、当事人的商业秘密或者个人隐私。

7.5.2.3 承办人员首次约见受援人或其法定代理人、近亲属，应告知以下事项：

a）承办人员的代理职责；

b）受援人可以向人民法院申请减、免、缓交诉讼费用；

c）本案主要诉讼风险及法律后果；

d）受援人在诉讼中的权利和义务。

7.5.3 承办人员承办准备

7.5.3.1 调查取证

承办人员调查取证要求如下：

a）根据举证责任，承办人员应要求受援人提供所掌握的证据，并调查收集其他相关证据，包括但不限于引起民事行政法律关系发生、变更、消灭的证据；民事行政权利遭到侵犯或者发生争议的证据；妨碍民事行政权利行使及义务履行的证据和受援人有关情况等；

b）受援人不能提供证据或提供证据不充分的，经有关单位或个人同意，承办人员可向证人和对方当事人调查、收集证据；承办人员因客观原因不能自行收集的证据，应及时申请人民法院等有关部门调查、收集证据，并递交书面申请；

c）在证据可能灭失或以后难以取得的情形下，承办人员可在征得受援人同意后，代理其向公证机构或人民法院提交保全证据的书面申请；

d）承办人员应对调查、收集的证据进行审查，编写证据目录，说明证据来源、要证明的对象与目的，并视案情补充证据；

e）承办人员在调查取证过程中，不应伪造、变造证据，不应威胁、利诱他人提供虚假证据，不应妨碍对方当事人合法取证，不应协助或诱导受援人伪造证据。

7.5.3.2 代理起诉应诉

承办人员代理起诉应诉要求如下：

a）承办人员应根据案件情况及调取的证据，确定民事诉讼、行政诉讼的适格主体；

b）承办人员应全面查阅案件材料；

c）承办人员应根据不同诉讼情形提供以下服务：

1）代理受援人起诉的案件，应依据当事人的请求代写诉状，并在举证期限内向人民法院提交相应证据；

2）代理受援人应诉的案件，应查阅案卷材料，代写答辩状并在答辩期内提交人民法院，在举证期限内向法院提交支持受援人主张的证据；

3）与受援人沟通确定提起反诉的案件，应代写反诉状，并在举证期限内向人民法院提交相应证据；

4）受援人为第三人的案件，应受援人请求，可代为申请参加诉讼，并向法院提交支持受援人主张的证据。

5）需要申请财产保全、管辖异议、回避、调查取证、司法鉴定和不公开审理的案件，应与受援人沟通商定后，代受援人向法院提交申请；

6）法庭通知需庭前交换证据的案件，可协助受援人依法进行庭前证据交换。承办人员应将受援人提供和自己调查、收集的证据进行归类整理，并编制证据目录一并提交法院；

7）需要证人出庭作证的案件，应于举证期限届满前10日内向人民法院提出书面申请。

d）承办人员开庭前应做好以下准备：

1）了解法庭组成人员名单；

2）明确案件是否属于不公开审理范围。对于离婚案件、涉及国家秘密、商业秘密和个人隐私的案件，根据受援人意愿代为申请不公开审理；

3）约见受援人，告知庭审程序、法庭组成人员和书记员的姓名，询问受援人是否申请回避。

7.5.4 承办人员出席庭审

承办人员出席庭审服务要求如下：

a）应按规定时间出庭，因故不能出庭的申请延期开庭，并报告法律援助机构；

b）全程参与庭审，根据案件需要向受援人、证人、鉴定人和对方当事人就与本案有关的问题提问；

c）在法庭调查过程中，承办人员应认真陈述、答辩、发问和回答；围绕证据的真实性、关联性和合法性进行举证质证，针对证据是否确有证明力以及证明力的大小进行说明；

d）在法庭辩论过程中，应围绕争议焦点或者法庭调查重点进行发言，就案件事实认定、法律适用和证据证明力等阐明观点，发现案件某些事实未查清的应申请恢复法庭调查；

e）发现法庭审理过程中的程序违法问题，应及时指出并要求纠正；

f）可建议受援人优先采用和解或者调解方式解决纠纷，未经特别授权，不能在和解或者调解过程中对受援人的实体权利进行处分；

g）承办人员应遵循自愿、合法的原则，向受援人讲解有关和解和调解的法律规定并告知其法律后果。

7.5.5 终止法律援助服务

7.5.5.1 法律援助机构

法律援助机构经审查核实，决定终止法律援助的，应根据司发通〔2013〕34号制作《终止法律援助决定书》，并送达受援人，同时函告承办机构和办案机关，承办机构与受援人解除委托辩护协议。

7.5.5.2 承办人员

承办人员终止法律援助服务的要求如下：

a）承办人员接受指派后，无正当理由不应擅自终止法律援助事项；

b）承办人员遇有下列情形之一的，应自发现之日起5个工作日内，向法律援助机构报告，征得法律援助机构同意后，应终止法律援助，但另有规定的除外：

　1）受援人经济收入状况发生变化，不再符合法律援助条件；

　2）案件终止办理或者被撤销；

　3）受援人自行委托其他代理人；

　4）受援人请求终止法律援助；

　5）受援人利用法律援助从事违法活动；

　6）受援人故意隐瞒与案件有关的重要事实或者提供虚假证据；

　7）受援人拒绝配合承办人员开展谈话、签订委托协议、提交证据材料和参加庭审活动等，影响法律援助事项的正常进行；

　8）法律法规规定应终止法律援助的其他情形。

7.5.5.3 对终止法律援助的异议审查

受援人对终止法律援助提出异议及获得救济、司法行政机关进行审查的要求如下：

a）受援人对法律援助机构终止法律援助的决定有异议的，可向主管该法律援助机构的司法行政机关提出异议审查；

b）司法行政机关应在5个工作日内出具答复意见书并送达异议申请人；

c）受援人对司法行政机关答复意见不服的，可依法提起行政复议或行政诉讼。

7.5.6 通报和报告

通报和报告中，承办人员要求如下：

a）在案件办理过程中，承办人员应及时向受援人提供咨询和法律意见，告知案件办理情况，填写司发通〔2013〕34 号法律援助文书格式十八并附卷归档；

b）法律援助案件有下列情形之一的，承办人员应向承办机构报告，提请集体讨论研究代理意见，并及时向法律援助机构报告承办情况，填写司发通〔2013〕34 号法律援助文书格式十八并附卷归档；

　　1）就主要证据或案件事实的认定、法律适用等方面存在重大疑义的；

　　2）涉及群体性事件的；

　　3）具有重大社会影响的；

　　4）其他疑难复杂的情形。

7.5.7 庭后工作

7.5.7.1 承办人员应在休庭后认真核对法庭笔录并签字。承办人员在庭审中出示的证据，应与法院办案人员办理交接手续，需要补充证据及提交书面意见的，应在法庭指定的期限内提交。承办人员应及时签收相关裁判文书，由受援人特别授权代为签收的裁判文书应及时告知受援人。

7.5.7.2 对于可上诉的案件，一审判决后，承办人员应及时向受援人分析案件结果，并告知在上诉期内有上诉的权利。就是否上诉向受援人提供咨询并告知受援人继续获得法律援助的途径和方法。受援人要上诉的，承办人员可引导其申请二审阶段法律援助。

7.5.7.3 承办人员代理民事行政案件的简易程序、二审程序和审判监督程序的，代理受援人参加调解和仲裁的，均应按照民

事诉讼相关程序要求进行相应准备，代理职责按照 7.1、7.2、
7.3、7.4、7.5 有关规定执行。

7.6　结案

7.6.1 承办人员应于结案后制作结案报告，填写结案报告表，
撰写包含所做工作、基本案情、主要代理或者答辩意见等内容
的承办情况小结，并附卷归档。自案件办结之日起 30 日内向
法律援助机构提交结案报告、承办业务卷和相关结案材料以供
审查。

7.6.2 法律援助机构对承办人员提交的案件卷宗及受理、审查、
指派等材料进行整理，一案一卷。案件卷宗应反映承办人员接
受委托办理案件的全过程，包括立案和结案文书材料（见附录
A），有缺项的予以说明。

7.6.3 法律援助机构、承办机构应按照附录 A 顺序目录整理案
件立案案卷和结案案卷材料。

　　法律援助机构应运用法律援助管理信息系统及时存储和更
新民事行政案件相关数据，并将产生的非涉密数据上传司法公
有云，与司法部法律援助管理信息系统对接，实现法律援助办
案数据互通共享。承办人员应协助录入相关案卷材料。

7.6.4 法律援助机构应自收到立案材料、结案材料之日起 30 日
内完成审查，并完成结案审查表。提供的材料不符合要求的，
应要求其补正；符合要求的，法律援助机构留存据以结案相关
文书材料原件或复印件、电子件。

7.6.5 有条件的法律援助机构可建立电子案卷系统，并规范
管理。

7.7　法律援助机构支付办案补贴

　　法律援助机构支付办案补贴要求如下：

　　a）法律援助机构审查案卷合格的，应根据本地法律援助

　　经费管理办法，按照规定的范围、标准和程序，及时支付承办人员办案补贴或安排直接费用；

　b）法律援助机构审查案卷或者评定代理质量不合格的，可不发或少发办案补贴或直接费用。

8　非诉讼案件代理

8.1　指派环节要求见7.4，承办收案环节要求见7.5.1，约见受援人要求见7.5.2，调查取证环节服务要求见7.5.3.1，结案环节要求见7.6，领取办案补贴要求见7.7。

8.2　要求

8.2.1 基本要求

　　承办人员承办非诉讼案件的基本要求如下：

　a）从非诉讼案件的事实、证据和适用法律等方面分析受援人的诉求，理清办案思路；

　b）与受援人协商后提出代理意见或解决方案，并告知其法律风险及后果；

　c）代理服务方式可包括法律咨询、代写法律文书、参与调解、组织和解及其他非诉讼法律事务代理等；

　d）指导受援人或其代理人、近亲属等向对方当事人表达诉求，提出对案件的处理意见及理由；听取对方当事人的辩解及理由，反驳其错误或不当的意见，向其做好释法明理等工作，促成调解或达成和解。

8.2.2 承办人员对代为提起行政复议案件的承办要求

　　承办人员代为提起行政复议案件的承办要求如下：

　a）应代写行政复议申请书，明确复议请求及依据的事实和理由，提交复议机关；

b）应按照复议机关的要求及时收集、整理和提交与案件相关材料；

c）协助受援人向复议机关申请听证，如复议机关同意举行听证的，应与受援人一起参加听证会，并发表代理意见；

d）受援人对复议决定不服的，可协助其在法定期限内向人民法院提起行政诉讼。

8.2.3 对双方当事人可能调解案件的承办人员要求

对双方当事人可能调解案件的承办人员要求如下：

a）应代为起草或指导其起草人民调解协议书，向受援人解释协议内容，代表受援人提出修改或补充意见，经双方当事人确认后签名、捺印；并可协助受援人督促对方当事人履行协议载明的各项义务；

b）一方或双方当事人不同意调解、和解或不能达成调解、和解协议的，应协助受援人依法申请仲裁或提起诉讼。

8.2.4 劳动争议案件承办人员要求

劳动争议案件承办人员要求如下：

a）经受援人同意，可通过和解方式解决纠纷；

b）因支付拖欠劳动报酬、工伤医疗费、经济补偿或者赔偿金事项达成调解协议，用人单位在协议约定期限内不履行的，应及时告知受援人持调解协议书依法向人民法院申请支付令；

c）劳动争议调解组织自收到调解申请之日起15日内未达成调解协议的，应告知受援人可直接依法申请仲裁；

d）如劳动争议不能和解或调解，且仲裁是办理该法律援助案件的法定前置程序，应分析案件情况，审查已有证据材料，确定对方当事人、诉请事项及理由，代写

　　　　仲裁申请书，调查收集证据，并在规定期限内，协助
　　　　受援人及时向有管辖权的仲裁机构提交仲裁申请；

　　e）劳动争议仲裁机构不予受理或者逾期未作出决定的，
　　　　应及时告知受援人可以就劳动争议事项向人民法院提
　　　　起诉讼；

　　f）对于不服仲裁裁决依法可以起诉的，应征询受援人是
　　　　否起诉并提醒起诉的期限，受援人要求起诉的，应为
　　　　其代写起诉状；

　　g）对于追索劳动报酬、追索工伤医疗费的劳动争议案件，
　　　　可根据受援人的要求申请先予执行；

　　h）对于发生法律效力的调解书、裁决书、判决书，用人
　　　　单位逾期不履行的，承办人员应征询受援人是否向人
　　　　民法院申请执行。受援人要求申请执行的，承办人员
　　　　应为其代写申请执行书。

9　服务质量控制

9.1　基本要求

　　法律援助机构应在司法行政机关指导下建立完善法律援助
案件的考核评估机制，并采取具体措施改进服务方式，不断提
高服务质量。民事行政法律援助案件的承办机构和承办人员应
积极履行法律援助义务，配合法律援助机构做好质量管理
工作。

9.2　主要方式

　　主要方式应包括：

　　a）监督督导；

　　b）旁听庭审；

    c）征询意见；

    d）质量评估；

    e）集体讨论；

    f）案件回访及满意度测评。

9.3 监督督导

对疑难复杂、有重大社会影响的案件，法律援助机构可通过安排专家和律师等人员参与案件讨论、研究诉讼方案和调查取证等方式进行监督督导。

9.4 旁听庭审

9.4.1 案件承办中，法律援助机构应根据案件难易程度和社会关注度等因素，选取特定案件开展庭审现场旁听，并将庭审服务质量作为案件质量评估结果的重要依据。

9.4.2 法律援助机构安排旁听案件庭审，可按以下因素进行评审，并做好相应记录：

    a）是否按时出席法庭审理；

    b）是否遵守法庭规则和法庭秩序，听从法庭指挥；

    c）是否语言文明规范、举止端庄、仪表整洁；

    d）是否依法进行举证和质证；

    e）是否紧紧围绕争议焦点或者法庭调查的重点进行辩论，从事实、证据、法律等方面进行分析，阐明观点，陈述理由；

    f）是否在同一案件中担任双方当事人的代理人。

9.4.3 参与庭审旁听人员在庭审结束后，应提交庭审服务质量综合评价及书面记录。

9.5 征询意见

9.5.1 法律援助机构可通过上门走访、听取重点案件办案人员意见和发放办案机关意见征询表等方式，征询办案机关对承办人员的意见，作为评价案件办理质量的依据。

9.5.2 办案机关意见征询表应包括对承办人员工作态度、案件办理质量和结果的评定及其他意见和建议。

9.6 质量评估

9.6.1 法律援助机构应根据本年度承办案件数量等实际情况，从已办结并上报结案的卷宗材料中选取一定比例的民事行政案件，定期开展评估。

9.6.2 评估案件应选派评估专家，确定评估样本，根据本地法律援助案件质量评估要求，在承办案件结案后进行。

9.6.3 评估专家应根据案件承办人员在案件办理中的时效性、运用法律法规的准确性、与受援人和办案机关沟通的有效性、案件材料及法律文书的规范性等综合因素，对案件质量作出分级评估结果。

9.7 集体讨论

9.7.1 集体讨论既适用于案件承办环节，也适用于结案后质量评估环节。集体讨论事项范围应包括：

    a) 重大事项处理和结案；

    b) 疑难复杂、有重大社会影响和存在不确定风险的案件；

    c) 投诉承办人员，经初步查实确有问题的；

    d) 上级部门交办和督办的重要案件；

    e) 其他需要集体讨论的事项。

9.7.2 集体讨论可由法律援助机构、办案机关和承办机构等提起，由法律援助机构组织开展。参加集体讨论的人员应包括：提起集体讨论的承办人员、相关处室负责人、律师或专家学者等。

9.7.3 集体讨论时，参加人员应充分发表意见，法律援助机构应留存讨论记录。

9.7.4 对于经集体讨论的事项，应按照集体讨论意见执行。

9.8 案件回访及满意度测评

9.8.1 法律援助机构可通过电话、电邮、谈话、信件和填写调查表等形式对受援人进行回访，同时开展满意度测评。

9.8.2 法律援助机构可定期抽取一定比例案件开展回访及满意度测评。回访次数及满意度测评比例根据各地工作实际需要确定。

9.8.3 回访调查内容应包括承办人员与受援人联系情况、案件办理进度与结案情况、受援人满意度及意见等方面。

9.8.4 如遇到受援人情绪激动、回访易激化矛盾或者联系不到受援人，无法回访受援人的，可向案件承办人员回访以了解案件情况。

9.8.5 回访过程中如接到受援人的电话或书面投诉，应做好记录，并转入法律援助投诉处理程序。

9.8.6 法律援助机构应每年对民事、行政法律援助服务满意度调查结果进行分析汇总，形成年度民事、行政法律援助服务满意度测评调查报告，并通过适当方式公开。满意度测评调查报告主要应包括参与满意度测评的当事人基本情况、当事人综合满意度评价指数、当事人对改进民事行政法律援助服务的意见建议等内容。

9.8.7 受援人综合满意度评价指数应为：（法律援助服务满意度测评调查问卷中有关满意度综合评价选项中表示满意的受援人数量/参与调查受援人的总数量）×100%。受援人综合满意度评价指数60%以上为合格，80%以上为优秀。

9.9 服务改进

9.9.1 情况通报

司法行政机关应整理汇总监督检查情况，对服务质量进行通报。通报应明确案件质量存在的具体问题及不良影响，发现问题的途径，明确有关责任人员及处理结果。

9.9.2 问题处理

有以下问题，应进行处理，处理要求如下：

a) 发现的办案质量问题属于较为普遍的共性问题，应制定整改措施，完善流程管理；

b) 发现承办人员存在违规违纪行为的，应对责任人进行批评教育；如情节严重，需要追究其法律责任的，应移送相关部门处理；承办人员是律师的，应在律师诚信体系中记载相关负面记录；

c) 对于有关单项工作综合满意度评价指数低于60%的，应提交整改报告。

9.10 投诉处理

司法行政机关应设立投诉举报电话、意见箱、意见簿、网络信箱等多种投诉渠道，并向社会公示。对投诉情况及时记录并调查，处理结果反馈投诉人，投诉处理材料归档。

附录 A

（规范性附录）

民事行政法律援助立案和结案文书归档材料

A.1　民事行政法律援助案件立案文书材料

民事行政法律援助案件立案文书材料包括：

a）法律援助申请书；

b）申请人身份证明；

c）代理人身份证明；

d）有代理权限的证明；

e）经济状况证明；

f）与申请事项有关的证明材料；

g）收件凭证；

h）受理通知书；

i）审批表；

j）给予法律援助决定书或不予法律援助决定书；

k）指派通知书；

l）送达回证。

A.2　民事代理法律援助案件结案文书材料

民事代理法律援助案件结案文书材料包括：

a）法律援助指派通知书；

b）委托代理协议、授权委托书；

c）谈话笔录；

d）民事起诉状或答辩状、上诉状；

e）阅卷笔录或相关的证据材料；

f）出庭通知书；

g）代理词（和解、调解结案除外）；

h）庭审笔录；

i）和解协议书；

j）人民调解协议书；

k）法院调解书或裁判文书；

l）结案报告；

m）质量监督管理相关文书。

A.3 行政法律援助案件结案文书材料

行政法律援助案件结案文书材料包括：

a）法律援助指派通知书；

b）委托协议、授权委托书；

c）谈话笔录；

d）代理词（复议调解结案除外）；

e）庭审笔录；

f）行政复议文书；

g）法院裁判文书；

h）结案报告；

i）质量监督管理柜关文书。

A.4 民事非诉讼法律援助案件结案文书材料

民事非诉讼法律援助案件结案文书材料包括：

a）法律援助指派通知书；

b）委托协议；

c）谈话笔录；

d）与案件有关的证据材料、调查资料、意见书等；

e）调解协议、调查结论、法律文书或法律意见书；

f）具体办理法律事务的记录；

g）结案报告；

h）质量监督管理相关文书。

参考文献

〔1〕 SF/T 0024—2017. 全国法律援助管理信息系统技术规范

〔2〕 SF/T 0032—2019. 全国刑事法律援助服务规范

〔3〕 DB33/T 2021—2017. 浙江省法律援助服务规范

〔4〕 DB37/T 3385—2018. 山东省法律援助服务标准

〔5〕 中华人民共和国仲裁法. 2009 年 8 月 27 日修正

〔6〕 中华人民共和国人民调解法. 2010 年 8 月 28 日通过

〔7〕 中华人民共和国民事诉讼法. 2017 年 6 月 27 日第三次修正

〔8〕 中华人民共和国行政诉讼法. 2017 年 6 月 27 日第二次修正

〔9〕 中华人民共和国律师法. 2017 年 9 月 1 日第三次修正

〔10〕 中华人民共和国国务院令第 385 号. 法律援助条例

〔11〕 中办发〔2015〕37 号. 关于完善法律援助制度的意见

〔12〕 司发通〔2005〕77 号. 关于民事诉讼法律援助工作的规定

〔13〕 司发通〔2013〕161 号. 法律援助投诉处理办法

〔14〕 司律通字〔1991〕153 号. 律师业务档案立卷归档办法

〔15〕 律发通〔2001〕50 号. 律师办理民事诉讼案件规范

〔16〕 律发通〔2017〕51 号. 律师办理行政案件规范

〔17〕 海司发〔2014〕49 号. 北京市海淀区法律援助案件

质量标准

　　［18］吉司办发〔2014〕31 号.吉林省法律援助业务工作标准

　　［19］宁司援〔2012〕163 号.江苏省南京市办理法律援助案件规范指引（试行）

　　［20］上海市民事法律援助服务标准.法律出版社.2018年务质量标准（试行）

　　［21］渝司发〔2014〕111 号.重庆市法律援助服

　　［22］浙司〔2013〕142 号.浙江省法律援助案件质量标准化管理规定

全国刑事法律援助服务规范

（2019 年 2 月 25 日 SF/T 0032—2019）

目　次

前　言

本标准按照 GB/T 1.1—2009 给出的规则起草。

本标准由司法部公共法律服务管理局提出。

本标准由司法部信息中心归口。

本标准起草单位：司法部公共法律服务管理局法律援助处。

本标准主要起草人：邓甲明、林溪、李雪莲、吴宏耀、刘帅克。

本标准为首次发布。

全国刑事法律援助服务规范

1 范 围

本标准规定了刑事法律援助服务原则、服务类型、法律咨询、值班律师法律帮助、刑事法律援助和服务质量控制的基本要求等，并给出了承办阶段归档材料目录。

本标准适用于司法行政部门设立的法律援助机构组织实施的刑事法律援助工作，以及司法行政部门设立的法律援助机构对提供刑事法律援助服务的其他机构及其人员进行的监督管理工作。

2 规范性引用文件

下列文件对于本文件的应用是必不可少的。凡是注日期的引用文件，仅注日期的版本适用于本文件。凡是不注日期的引用文件，其最新版本（包括所有的修改单）适用于本文件。

SF/T 0024—2017 全国法律援助管理信息系统技术规范

司法部令第 124 号 办理法律援助案件程序规定

司办通〔2018〕2 号 进一步加强和规范看守所法律援助值班律师工作的通知

司发通〔2013〕18 号 关于刑事诉讼法律援助工作的规定

司发通〔2013〕34 号 法律援助文书格式

司发通〔2017〕84 号 关于开展法律援助值班律师工作的意见

司发通〔2017〕106 号 关于开展刑事案件律师辩护全覆盖

试点工作的办法

司发通〔2018〕149 号 关于扩大刑事案件律师辩护全覆盖试点范围的通知

3 术语和定义

SF/T 0024—2017 界定的以及下列术语和定义适用于本文件。为了便于使用，以下重复列出了 SF/T 0024—2017 中的一些术语和定义。

3.1

刑事法律援助 criminal legal aid

由政府设立的法律援助机构组织刑事法律援助承办律师，依法为符合法律援助条件的个人，无偿提供法律咨询、值班律师法律帮助、刑事辩护、刑事代理服务的法律保障制度。

3.2

法律援助机构 legal aid agency

负责受理、审查法律援助申请，指派或安排人员为符合法律援助条件的个人提供法律援助服务的机构。

［SF/T 0024—2017，定义 3.2］

3.3

刑事法律援助承办机构 criminal legal aid agency

承担刑事法律援助服务的法律援助机构、律师事务所。

3.4

刑事法律援助承办律师 criminal legal aid lawyer

依照法律援助机构指派或者安排，提供刑事法律援助服务的执业律师、法律援助机构专职律师。

3.5

刑事法律援助受援人 person receiving criminal legal aid

经法律援助机构审查批准，接受刑事法律援助服务的个人，包括犯罪嫌疑人、刑事被告人、被害人、自诉人、依法不负刑事责任的精神病人强制医疗案件被申请人、刑事附带民事诉讼当事人。

4　服务原则

4.1　公正

根据刑事法律援助服务范围，公平公正地保障所有符合条件的个人获得刑事法律援助服务。

4.2　依法

法律援助机构受理、审查刑事法律援助申请以及指派刑事法律援助承办机构提供刑事法律援助服务，刑事法律援助承办机构提供刑事法律援助服务，应严格遵守法律法规、规章制度和行业规范，符合法定程序，维护法律权威和司法公正，维护法律援助的形象和声誉。

4.3　统一

个人申请和办案机关通知辩护（代理）的刑事法律援助案件，应由法律援助机构统一受理、审查、指派和监督。法律援助值班律师应由法律援助机构统一派驻。

4.4　效率

法律援助机构应遵循一次性告知、限时办理的规定；承办律师根据案情及受援人需求，及时通过咨询、调解、诉讼等服务方式，尽职尽责提供刑事法律援助服务，维护受援人合法权益。

5　服务类型

刑事法律援助服务类型包括：法律咨询、值班律师法律帮助、刑事辩护和刑事代理等。

6　法律咨询

个人可通过来访、来电、来信和访问网络等形式提出刑事法律援助咨询。法律咨询要求如下：

a) 法律援助机构应向社会公示提出刑事法律援助咨询的途径和方式，在便民服务窗口、公共法律服务中心、中国法律服务网和"12348"法律服务热线电话，安排专人接待、解答咨询；疑难复杂的咨询，可预约择时办理；

b) 接待人员应认真倾听咨询者的提问和陈述，了解案件事实、证据和法律诉求等情况，通俗易懂地介绍相关法律、法规及政策性规定，告知相关权利义务。对于经济困难或者申请事项符合刑事法律援助条件的，应告知其申请法律援助的条件、流程、需要提交的材料以及获得有关材料的途径，引导和帮助其申请法律援助；对于不属于法律援助范围的，应做好解释，为咨询者提出可供参考的法律服务建议；

c) 接待人员应记录咨询者的基本信息、咨询形式、咨询事项以及相应的法律解答，并予以分类登记。条件允许的地区，可采取电子化手段记录接待人员的咨询活动。

7 值班律师法律帮助

根据刑诉法、司发通〔2017〕84号和司办通〔2018〕2号文件，值班律师法律帮助要求如下：

a）法律援助机构根据实际需要可在人民法院、看守所等场所派驻值班律师，为没有辩护人的犯罪嫌疑人、刑事被告人提供法律帮助；

b）法律援助值班律师应主要提供以下法律服务：

　1）解答法律咨询，提供程序选择建议、申请变更强制措施、对案件处理提出意见；

　2）引导和帮助犯罪嫌疑人、刑事被告人及其近亲属申请法律援助，转交申请材料；

　3）在审查起诉阶段，依照刑事诉讼法第一百七十三条规定，就案件处理向检察机关提出意见；

　4）在认罪认罚案件中，依照刑事诉讼法第一百七十四条规定，在犯罪嫌疑人签署认罪认罚具结书时在场；

　5）法律援助机构交办的其他任务。

c）在审查起诉阶段，犯罪嫌疑人认罪认罚的，值班律师可对以下事项提出意见：

　1）涉嫌的犯罪事实、罪名及适用的法律规定；

　2）从轻、减轻或者免除处罚等从宽处罚的建议；

　3）认罪认罚后案件审理适用的程序；

　4）其他需要听取意见的事项。

d）值班律师依照刑事诉讼法第一百七十三条规定就案件处理提出意见的，有权要求检察机关依法提前为其了解案件有关情况提供必要的便利；

e）值班律师为犯罪嫌疑人、被告人提供法律咨询时，应持律师执业证书（法律援助机构专职律师持律师工作证），实行挂牌上岗。

f）值班律师在接待当事人时，应现场记录犯罪嫌疑人、被告人涉嫌罪名、咨询的法律问题和提供的法律解答；解释法律援助的条件和范围，对认为符合法律援助条件的当事人引导其申请法律援助。值班律师工作站应建立工作台账。

g）法律援助值班律师不提供出庭辩护服务。符合法律援助条件的，可依犯罪嫌疑人、被告人及其近亲属的申请或者办案机关的通知，由法律援助机构为其指派律师提供辩护。

8　刑事法律援助

8.1　刑事法律援助案件办理程序

刑事法律援助案件办理程序包括：受理、审批、指派和承办。依据司法部令第 124 号和司发通〔2013〕18 号文件对以下内容提出规范要求。

8.2　受理

8.2.1 法律援助机构依法受理刑事法律援助申请。法律援助机构在下列机构设立的法律援助工作站可接收刑事法律援助申请，并将材料及时转交所在地的法律援助机构审查。

a）司法所；

b）律师事务所；

c）基层法律服务所；

d）司法行政部门设立的公共法律服务中心（站、室）；

e）人民法院、人民检察院、看守所；

f）其他依规定可转交刑事法律援助申请的工作站点。

8.2.2 受理应符合以下要求：

a）通知辩护（代理）的刑事法律援助案件，由通知机关所在地的同级法律援助机构受理；最高人民法院、高级人民法院通知辩护（代理）的刑事法律援助案件，可由法院所在地省级法律援助机构受理；

b）个人申请刑事法律援助的，由办理案件的人民法院、人民检察院、公安机关、国家安全机关所在地的同级法律援助机构受理；对于最高人民法院、高级人民法院办理的刑事案件，个人申请刑事法律援助的，可由法院所在地省级法律援助机构受理；

c）申请人就同一事项向两个以上有管辖权的法律援助机构提出申请的，由最先收到申请的法律援助机构受理。

8.2.3 犯罪嫌疑人、被告人因经济困难没有委托辩护人的，本人及其近亲属可向办理案件的公安机关、人民检察院、人民法院所在地同级司法行政机关所属法律援助机构申请法律援助。具有下列情形之一，犯罪嫌疑人、被告人没有委托辩护人的，可依照上述规定申请法律援助：

a）有证据证明犯罪嫌疑人、被告人属于一级或者二级智力残疾的；

b）共同犯罪案件中，其他犯罪嫌疑人、被告人已委托辩护人的；

c）人民检察院抗诉的；

d）案件具有重大社会影响的。

8.2.4 申请类刑事法律援助案件，应提交以下申请材料：

　　a）法律援助申请表；

　　b）身份证或者其他有效身份证明；代理申请的，申请代
　　　　理人还应提交有代理权限的证明；

　　c）可证明申请人经济状况的相关材料；

　　d）与所申请法律援助事项有关的案件材料。

　　8.2.5 羁押的犯罪嫌疑人、被告人、服刑人员提出刑事法
律援助申请的，人民法院、人民检察院、公安机关以及所在监
狱、看守所应及时将相关申请材料转交法律援助机构。

　　8.2.6 法律援助机构及其下设的法律援助工作站收到刑事
法律援助申请材料后，应向申请人出具收到申请材料的书面凭
证，载明收到申请材料的名称、数量、日期。

　　8.2.7 犯罪嫌疑人、被告人符合以下情形之一且未委托辩
护人或诉讼代理人的，办案机关应通知法律援助机构指派律师
为其提供辩护或者代理：

　　a）未成年人；

　　b）盲、聋、哑人；

　　c）尚未完全丧失辨认或者控制自己行为能力的精神病人；

　　d）可能被判处无期徒刑、死刑的人；

　　e）依法不负刑事责任的精神病人强制医疗案件中的被申
　　　　请人；

　　f）缺席审判案件的被告人；

　　g）根据法律、法规应提供法律援助的其他情形。

　　8.2.8 通知类刑事法律援助案件，法律援助机构应接收以
下材料：

　　a）通知辩护公函、采取强制措施决定书（侦查阶段）；

　　b）通知辩护公函、公安机关起诉意见书（审查起诉阶
　　　　段）；

c）通知辩护公函、刑事起诉书或刑事判决书、裁定书（审判阶段）；

d）通知代理公函、依法不负刑事责任的精神病人强制医疗申请书副本（强制医疗程序）。

8.3 审批

8.3.1 法律援助机构收到申请后应及时进行审查并于 7 日内作出以下决定：

a）对符合法律援助条件的，应决定给予法律援助，并制作给予法律援助决定书；

b）对不符合法律援助条件的，应决定不予法律援助，制作不予法律援助决定书，并载明不予法律援助的理由及申请人提出异议的权利；

c）对于羁押的犯罪嫌疑人、被告人、服刑人员及社区服刑人员，法律援助机构应同时函告有关人民法院、人民检察院、公安机关、国家安全机关及监狱、社区矫正机构（中心）、看守所。

8.3.2 经审查，法律援助机构认为申请人提交的申请材料不齐全或者相关情况存在疑问时，应向申请人说明情况，并要求其补充材料或予以解释。申请人补充材料、予以解释说明所需时间不计入审查期限。申请人如期未按要求补充材料或者作出说明的，期限届满后视为撤回申请。

8.3.3 经审查，法律援助机构认为申请人提交的申请材料需要查证的，可向有关部门、单位进行查证核实。

8.3.4 经审查，法律援助机构认为符合法律援助的基本条件且具有下列情形之一的，可决定先行提供法律援助，同时送交权利义务风险一次性告知书并要求受援人在规定的期限内补交申请材料。

  a）距诉讼时效或法定期限届满不足 7 日的；

  b）需要立即申请财产保全、证据保全或者先予执行的；

  c）存在其他紧急情况或者特殊情形，需要立即提供法律
    援助的。

8.3.5 对于案情重大、疑难、复杂，或者在本辖区进行指
派可能影响司法公正的，可请求上一级司法行政机关指定法律
援助机构办理。

8.3.6 申请人对不予援助决定提出异议的，可向确定该法
律援助机构的司法行政机关提出异议审查。

8.4　指派

8.4.1 指派要求

指派要求如下：

  a）法律援助机构应自作出给予法律援助决定或者自收到
    通知辩护（代理）公函之日起 3 日内，指派或安排承
    办律师，并函告公安机关、国家安全机关、人民检察
    院、人民法院。法律援助机构出具的法律援助公函，
    应载明承办律师的姓名、所属单位及联系方式；

  b）刑事法律援助承办机构应根据本机构的律师数量、资
    质、专业特长、承办法律援助案件情况、受援人意愿
    等因素确定承办律师。对于可能判处死刑、无期徒刑
    的案件，应安排具有一定年限刑事辩护执业经历的律
    师担任辩护人；对于未成年人刑事案件，应安排熟悉
    未成年人身心特点的律师办理；对于盲、聋、哑人或
    外国人（无国籍人）及不通晓当地语言的受援人，应
    为承办律师安排必要翻译人员；

  c）对于申请类案件，法律援助承办机构应自收到指派通
    知书之日起 5 个工作日内将承办律师姓名和联系方式

告知受援人或者其法定代理人、近亲属，承办律师与
受援人或者其法定代理人、近亲属签订委托辩护（代
理）协议和授权委托书，明确双方权利义务，并告知
不收取任何法律服务费用；

d）承办律师接受指派后，不得将案件转委托他人办理。
遇有特殊情况确实无法继续承办该案的，接受指派的
承办机构应报请指派案件的法律援助机构批准后，及
时更换承办律师。更换承办律师后，法律援助机构应
在 3 日内将新的承办律师的姓名和联系方式告知受援
人或者其法定代理人、近亲属，原承办律师应及时办
理案件材料移交手续；

e）符合下列情形之一的，法律援助机构应变更指派：

　　1）对于通知辩护（代理）案件，人民法院、人民检
　　　　察院、公安机关、国家安全机关因受援人拒绝承
　　　　办律师为其提供辩护（代理）而需要另行通知辩
　　　　护（代理）的；

　　2）受援人有证据证明承办律师不依法履行义务并向
　　　　法律援助机构申请变更承办律师的；

　　3）承办律师与该案件存在利益冲突；

　　4）承办律师因开庭日期冲突，经受援人同意，请求
　　　　法律援助机构另行指派的；

　　5）承办律师因其他正当事由或不可抗力无法继续办
　　　　理该案件，请求法律援助机构另行指派的。

f）受援人申请更换承办律师的，法律援助机构应在 5 个工
作日内决定是否更换。决定更换的，应另行指派或者
安排人员承办。原承办机构应与受援人解除或者变更
委托代理、辩护协议，原承办律师应在 3 个工作日内与

变更后的承办律师办理案件材料移交手续。

8.4.2 指派文书制作

指派文书制作要求如下：

a）指派文书应按照司发通〔2013〕34号及本省（自治区、直辖市）有关要求制作；

b）申请类法律援助案件应制作以下文书：

 1）给予（不予）法律援助决定书；

 2）指派通知书；

 3）法律援助公函；

 4）受援人权利、义务、风险一次性告知书；

 5）其他需要的相关文书。

c）通知类法律援助案件应制作以下文书：

 1）指派通知书；

 2）法律援助公函；

 3）其他需要的相关文书。

8.4.3 文书送达

文书送达要求如下：

a）送达受援人的文书应包括：

 1）给予（不予）法律援助决定书；

 2）受援人权利、义务、风险一次性告知书。

b）送达承办律师的文书包括：

 1）指派通知书；

 2）司法机关相关诉讼文书。

c）送交公安机关、国家安全机关、人民检察院、人民法院的文书是：法律援助公函；

d）送达文书的方式参照有关法律法规相关规定。

8.5 承办

8.5.1 刑事辩护

8.5.1.1 基本要求

刑事辩护的基本要求如下:

a) 本节规定适用于各诉讼阶段及各项诉讼程序;

b) 承办律师应遵守法律法规的规定,依据委托权限依法维护受援人的合法权益,不得损害受援人的合法权益;

c) 承办律师接受指派后,无正当理由,不得拒绝辩护。但因受援人提出不合理或者违法要求,致使承办律师无法依法履行法律援助职责的,经法律援助机构同意后,可拒绝辩护;

d) 承办律师接受指派后,无正当理由不得擅自终止法律援助事项。遇有下列情形之一的,应终止法律援助,承办律师应及时向法律援助机构报告,但另有规定的除外:

   1) 受援人经济收入状况发生变化,不再符合法律援助条件的;

   2) 受援案件依法终止诉讼程序的;

   3) 受援人及其近亲属自行委托诉讼代理人或者辩护人的;

   4) 受援人请求终止法律援助的。

e) 法律援助机构经审查核实,决定终止法律援助的,应制作终止法律援助决定书,并送达受援人,同时函告承办机构和办案机关,承办机构与受援人解除委托辩护协议;

f) 受援人对法律援助机构终止法律援助的决定有异议的,可向设立该法律援助机构的司法行政机关提出;

g）承办律师应及时会见受援人，且确保每个诉讼阶段至少会见受援人一次。首次会见时应告知法律援助提供无偿法律服务的性质，表明承办律师身份，询问受援人是否同意为其辩护并记录在案。受援人不同意的，承办律师应书面告知法律援助机构；

h）承办律师会见受援人应制作会见笔录；

i）承办律师会见时应与受援人就相应阶段的辩护方案、辩护意见进行沟通；

j）在案件办理过程中，承办律师应及时向受援人提供咨询和法律意见，告知案件办理情况，填写司发通〔2013〕34 号文件附件法律援助文书格式十八并附卷归档；

k）法律援助案件有下列情形之一的，承办律师应向律师事务所报告，提请集体讨论研究辩护意见，并及时向法律援助机构报告承办情况，填写司发通〔2013〕34 号文件附件法律援助文书格式十八并附卷归档；

　　1）就主要证据或案件事实的认定、法律适用、罪与非罪等方面存在重大疑义的；

　　2）涉及群体性事件的；

　　3）具有重大社会影响的；

　　4）其他疑难复杂的情形。

l）承办律师应根据案件需要依法进行调查取证，并可根据需要请求法律援助机构出具必要的证明文件或者与有关机关、单位进行协调；

m）承办律师认为需要异地调查取证的，可向作出指派或者安排的法律援助机构报告。作出指派或者安排的法律援助机构可请求调查事项所在地的法律援助机构协作，被请求的法律援助机构应予以协作，并将调查材料及结果及时送交提出请求的法律援助机构；

n）承办律师应当参加庭审，发表辩护意见并提交书面辩护意见；

o）承办律师不得向受援人收取任何钱物或者利用承办案件的便利谋取其他不正当利益；

p）承办律师办理法律援助案件过程中，应接受法律援助机构和受援人监督。

8.5.1.2 侦查阶段的工作

侦查阶段工作要求如下：

a）承办律师可为犯罪嫌疑人提供法律帮助；代理申诉、控告；申请变更强制措施；自犯罪嫌疑人被第一次讯问或者采取强制措施之日起，可向侦查机关了解案件情况，包括犯罪嫌疑人涉嫌的罪名、已查明的主要事实、犯罪嫌疑人采取强制措施的情况、是否需要延长侦查羁押期限等情况；在侦查终结前，就案件提出辩护意见等；

b）承办律师应及时会见在押的犯罪嫌疑人，为其提供法律咨询，告知有关诉讼权利，认真听取受援人的陈述和辩解。对于危害国家安全犯罪、恐怖活动犯罪，承办律师会见在押犯罪嫌疑人时，应向侦查机关提出会见申请；

c）承办律师收集到有关犯罪嫌疑人不在犯罪现场、未达到刑事责任年龄、属于依法不负刑事责任的精神病人的证据材料时，应及时告知公安机关、人民检察院，并提出无罪或不追究刑事责任的辩护意见，并同时请求侦查机关释放犯罪嫌疑人或对其变更强制措施；

d) 检察机关审查批捕时，承办律师认为犯罪嫌疑人不符合逮捕条件的，应及时提出意见，提交《法律意见书》，建议检察机关作出不批捕决定。对已经批捕的犯罪嫌疑人，承办律师认为不应继续羁押的，可向人民检察院提出羁押必要性审查申请。检察机关组织羁押必要性审查并通知承办律师参加的，承办律师应按时参与；

e) 承办律师应在会见和了解案件主要事实的基础上，根据事实和法律，提出犯罪嫌疑人无罪、罪轻或者减轻、免除其刑事责任的材料和意见，在案件侦查终结前向侦查机关提交书面意见，并将副本附卷归档。

8.5.1.3 审查起诉阶段的工作

审查起诉阶段的工作要求如下：

a) 在审查起诉阶段，承办律师担任犯罪嫌疑人的辩护人，可向犯罪嫌疑人核实有关证据；代理申诉、控告；申请变更强制措施；调查、收集与案件有关的材料；向人民检察院提出关于本案的辩护意见；

b) 承办律师应及时到人民检察院查阅、摘抄、复制案卷材料，依法阅卷、调查取证或者申请人民检察院调查取证，并制作阅卷笔录或者证据目录附卷归档。查阅、摘抄、复制案卷材料时应保证其准确性、完整性；

c) 承办律师应及时会见在押的犯罪嫌疑人，听取其陈述和辩解，核实有关证据，征询刑事辩护意见，告知其诉讼权利义务及其风险，解答法律咨询，提供法律帮助，并制作会见笔录附卷归档；

d) 承办律师会见犯罪嫌疑人时，主要核实以下案件情况：是否与起诉书指控的罪名和事实相一致，是否有自首、立功或者有利于犯罪嫌疑人的其他信息或者证据。在认罪认罚案件中，承办律师应重点审查犯罪嫌疑人认罪认罚的自愿性，以及是否有足够的证据证明其实施了指控的犯罪；

e）承办律师根据阅卷和会见犯罪嫌疑人时了解的情况，决定是否需要补充调查和收集证据。收集证人证言时，应制作《调查笔录》；收集其他证据材料时，应保证真实、完整、准确，并注明出处和要证明的问题；确有必要时，也可申请办案机关收集和调取证据；

f）承办律师收集到有关犯罪嫌疑人不在犯罪现场、未达到刑事责任年龄、属于依法不负刑事责任的精神病人的证据材料时，应及时向检察机关提出无罪或不予追究刑事责任的辩护意见，并同时请求检察机关释放犯罪嫌疑人或对其变更强制措施；

g）承办律师应在阅卷、会见和调查取证的基础上，根据事实和法律，提出犯罪嫌疑人无罪、罪轻或者减轻、免除其刑事责任等辩护意见，并在审查起诉期限届满前将书面意见送交人民检察院，并将副本附卷归档；

h）犯罪嫌疑人认罪认罚的，承办律师应及时告知犯罪嫌疑人享有的各项诉讼权利和认罪认罚的法律规定，帮助其充分认识认罪认罚的法律意义和法律后果。犯罪嫌疑人明确表示自愿认罪认罚的，承办律师应协助其进行程序选择、提出量刑建议，并依照刑事诉讼法第一百七十三条、一百七十四条的规定，向人民检察院就法定事项提出辩护意见，并在犯罪嫌疑人签署认罪认罚具结书时在场。

8.5.1.4 审判阶段的工作

审判阶段的工作要求如下：

a) 在审判阶段，承办律师会见时可向被告人核实有关情况；查阅案卷；调查、收集与案件有关的证据；依法参加庭前会议、法庭调查和法庭辩论，向人民法院提出关于本案的辩护意见；

b) 承办律师接受指派后，应及时到审判机关查阅、摘抄、复制本案的案卷材料，依法调查取证或者申请人民法院调查取证以及申请证据保全，并制作阅卷笔录或者证据目录附卷归档；

c) 承办律师应会见被告人，认真听取被告人的陈述和辩解，发现、核实、澄清案件事实和证据材料中的矛盾和疑点。会见时，应向被告人介绍法庭审理程序，征询辩护意见，告知权利义务和风险及应注意的事项，制作会见笔录并附卷归档；

d) 承办律师经证人或者其他有关单位和个人同意，可向证人或者有关单位、个人收集与本案有关的证据材料，也可申请人民法院收集、调取证据，或者申请人民法院通知证人出庭作证；

e) 承办律师认为在侦查、审查起诉期间公安机关、国家安全机关、人民检察院收集的证明被告人无罪或者罪轻的证据材料未随案移送，应以书面形式申请人民法院调取，并提供相关线索或者材料；

f) 承办律师应在阅卷、会见和调查取证的基础上，从事实、证据和适用法律等方面进行分析论证，结合指控的罪名和事实，提出被告人无罪、罪轻或者减轻、免除刑事责任等辩护意见，在庭审结束后或者规定期限内将书面意见提交人民法院，并将副本附卷归档；

g) 在开庭审理前，承办律师应认真阅读案卷材料、查阅有关法律法规，熟悉案件涉及的专业知识，拟定辩护方案，准备发问提纲、质证提纲、举证提纲、辩护提纲等；

h) 承办律师应依法参加庭审活动，参与法庭调查和法庭辩论，充分陈述和质证，提出辩护意见，在授权范围内参与和解，并制作庭审记录或者提交法庭笔录附卷归档；

i) 法庭调查阶段，承办律师应认真听取控诉方对被告人、证人的发问，围绕控方出示证据的真实性、关联性和合法性等发表质证意见。必要时，有权申请法庭通知新的证人到庭，调取新的物证，申请重新鉴定或者勘验；有权建议法庭延期审理；

j) 法庭辩论阶段，承办律师发表辩护意见应针对控诉方的指控，从事实是否清楚、证据是否确实充分、适用法律是否准确无误、诉讼程序是否合法等不同方面进行分析论证，并提出关于案件定罪量刑的意见和理由；

k) 在法庭辩论和被告人最后陈述中，承办律师发现有新的或者遗漏的事实、证据需要查证的，可申请恢复法庭调查；

l) 庭审结束后，承办律师应认真阅读法庭笔录，认为记载有遗漏或者差错的，可请求补充或者改正，核对无误后签字或盖章；

m) 法院决定不开庭审理的案件，承办律师认为应开庭审理的，应提出书面申请；认为依法可不开庭审理的，应在接到法院不开庭通知之日起十日内向法庭提交书

　　面《辩护意见》及其他法律文书；

n）承办律师在接到法院通知后，应及时联系人民法院办案人员，依法签收本案的判决书、裁定书、决定书或者调解书等法律文书副本，并附卷归档；

o）承办律师办理当事人和解的公诉案件，应告知被告人可就赔偿损失、赔礼道歉等民事责任事项与被害人进行和解的法定程序与条件；

p）承办律师可接受被告人的委托，代为起草、审查修改或者指导制作和解协议书；

q）对于达成和解协议的公诉案件，承办律师应向公安机关、人民检察院、人民法院提出从轻、减轻、免除处罚的辩护意见；

r）刑事第二审程序、死刑复核程序以及再审程序的辩护工作，参照适用上述要求。

8.5.1.5　未成年人刑事案件

未成年人刑事案件要求如下：

a）承办律师办理未成年人刑事案件，应根据未成年人的身心特点，耐心听取其陈述或者辩解，通过调查，全面了解其成长经历、犯罪原因、监护教育等情况，为辩护提供依据；

b）对于未成年人刑事案件，在检察院审查批准逮捕、法院决定逮捕时，承办律师认为不具有逮捕必要的，应及时提出意见，提交《法律意见书》并附相关材料，建议人民检察院、人民法院不采取逮捕措施。未成年犯罪嫌疑人在押的，承办律师应及时向办案机关申请取保候审或者变更强制措施；根据案情变化，对于不应继续羁押的，应及时向检察机关申请羁押必要性审查；

c) 在审查起诉阶段，承办律师应结合案情，在事先征得未成年人法定代理人或者其他成年家属书面同意后，及时向检察机关提出适用附条件不起诉、酌定不起诉的建议；

d) 对于检察机关决定附条件不起诉或酌定不起诉的案件，承办律师应向未成年人及其法定代理人或者其他成年家属解释清楚该项决定的法律意义，并告知其应遵守的法律义务及其责任。同时，承办律师应及时将案件处理结果告知指派的法律援助机构，并办理结案手续；

e) 法庭审理过程中，对于语言表达方式明显不适合本案未成年被告人智力发育程度或心理状态，或者存在诱供、训斥、讽刺或者威胁等情形的，承办律师应及时提请审判长予以制止；

f) 承办律师发现相关办案人员或者其他诉讼参与人违法披露未成年被告人的姓名、住所、照片以及可能推断出该未成年人身份的其他资料，公开或者传播案卷材料，应向有关部门提出意见并要求纠正。

8.5.2 刑事代理

8.5.2.1 刑事公诉案件的代理

刑事公诉案件的代理要求如下：

a) 承办律师应协助被害人及其近亲属依法行使法律赋予的各项诉讼权利，在法律允许的范围内最大限度地维护被代理人的合法权益；

b) 承办机构应及时与公诉案件的被害人、已死亡被害人的近亲属、无行为能力或限制行为能力被害人的法定代理人签订委托协议和授权委托书，依法确定委托关

系，明确双方权利义务，并于 3 个工作日内将委托手
续或者通知代理公函提交人民检察院或者人民法院，
并附卷归档；

c）承办律师应及时到办案机关查阅、摘抄、复制本案的
案卷材料，依法调查取证或者申请人民法院调查取证
以及申请证据保全，并制作阅卷笔录或者证据目录附
卷归档；

d）在法庭审理中，承办律师可与被告人及其辩护律师就
证据采信、事实认定及法律适用等问题展开辩论。代
理律师意见与公诉人意见不一致的，代理律师应从维
护被害人的合法权益出发，独立发表代理意见；

e）承办律师应告知当事人核对庭审笔录，补充遗漏或修
改差错，确认无误后签名。承办律师应就当庭出示、
宣读的证据及时与法庭办理交接手续；阅读庭审笔录，
认为记录有遗漏或差错的，可请求补充或者改正，确
认无误后应签名；

f）承办律师代理第二审案件和再审案件的，参照适用本
规范有关第一审程序的规定；

8.5.2.2 刑事自诉案件的代理

刑事自诉案件的代理要求如下：

a）承办律师根据法律援助机构的指派，接受自诉人及其
法定代理人的委托，担任其诉讼代理人；

b）承办律师应帮助自诉人分析案情，确定被告人和管辖
法院，调查、了解有关事实和证据，代写刑事自诉状；

c）自诉人同时要求民事赔偿的，承办律师应协助其制作
刑事附带民事起诉状，写明被告人犯罪行为所造成的
损害、具体赔偿请求及计算依据；

d）人民法院决定开庭前，承办律师应做好开庭前准备工作。对于无法取得的证据，可申请人民法院依法调查取证；

e）承办律师应向自诉人告知有关自诉案件开庭的法律规定，避免因自诉人拒不到庭或擅自中途退庭导致人民法院按自动撤诉处理的法律后果。自诉人不到庭的，承办律师仍应按时出庭履行职责；

f）自诉案件的被告人提起反诉的，在征得自诉人书面同意后，承办律师可同时担任其辩护律师。承办律师应及时就此向法律援助机构予以书面报告；

g）自诉案件法庭辩论结束后，承办律师可根据自诉人授权参加法庭调解；

h）承办律师应协助自诉人在法院宣告判决前决定是否与被告人和解或者撤回自诉。

8.5.2.3　附带民事案件的代理

附带民事案件的代理包括附带民事诉讼原告人的代理和附带民事诉讼被告人的代理，其中：

a）附带民事诉讼原告人的代理要求如下：

1）法律援助机构可指派承办律师，在第一审、第二审程序中担任刑事附带民事诉讼原告人的诉讼代理人参与附带民事部分的审判活动。接受指派后，承办律师应通过与被代理人签订书面委托协议明确其具体代理权限；

2）承办律师接受委托后，应代理受援人撰写附带民事起诉状；

3）承办律师根据案件情况，可自行或协助受援人依法收集证据，展开调查，申请鉴定；

4）在提起刑事附带民事诉讼时，承办律师可建议或协助受援人申请人民法院对被告人的财产采取查封、扣押或冻结等保全措施；

5）承办律师担任刑事附带民事诉讼当事人的诉讼代理人，应告知受援人经人民法院两次传唤无正当理由拒不到庭、未经法庭许可中途退庭可能导致法院按自动撤诉处理；

6）受援人参加诉讼的，承办律师应指导受援人参加调解，准备调解方案。

b）附带民事诉讼被告人的代理要求如下：

1）法律援助机构可指派承办律师，在第一审、第二审程序中担任刑事附带民事诉讼被告人的诉讼代理人参与附带民事部分的审判活动。接受指派后，承办律师应通过与被代理人签订委托协议明确其具体的代理权限；

2）作为附带民事诉讼被告人的诉讼代理人，承办律师根据案件情况，可进行调查取证、申请鉴定；应撰写答辩状，参加庭审，举证质证，进行辩论，发表代理意见；经被告人同意，提出反诉以及与对方和解；

3）根据被告人的申请并经法律援助机构审批，辩护人可同时担任刑事附带民事诉讼被告人的代理人。

8.5.2.4 刑事申诉案件的代理

刑事申诉案件的代理要求如下：

a）承办律师接受指派担任刑事申诉案件的代理人，应通过与被代理人签订委托协议明确其具体的代理权限；

b）承办律师应及时到人民法院、人民检察院查阅案卷材料、会见申诉人及其近亲属，调查收集必要的证据材料，依法代理受援人申请人民法院提起再审程序，也可提请人民检察院提起抗诉；

c）人民法院决定立案复查的，承办律师应及时提出法律意见。为了保证复查案件的公正审理，承办律师也可申请异地复查、召开听证会。

8.5.2.5 依法不负刑事责任的精神病人强制医疗案件的代理

依法不负刑事责任的精神病人强制医疗案件的代理要求如下：

a）承办律师代理强制医疗案件，应重点审查以下内容并提出相应代理意见；

1）是否有足够证据证明被申请人或者被告人实施了相应的暴力行为，以及该暴力行为是否危害公共安全或者严重危害公民人身安全；

2）被申请人或者被告人是否属于经法定程序鉴定依法不负刑事责任的精神病人；

3）是否有足够证据证明被申请人或者被告人有继续危害社会的可能等。

b）承办律师代理强制医疗案件时，应对检察机关提出的强制医疗申请发表意见，对有关证据发表质证意见，并可出示相关证据；发表代理意见并进行辩论。

8.6　刑事案件律师辩护全覆盖试点工作要求

法律援助机构和刑事法律援助承办律师，在开展或参与刑事案件律师辩护全覆盖试点工作中，应依照本标准及司发通〔2017〕106 号、司发通〔2018〕149 号文件执行。

8.7 结案归档

8.7.1 刑事法律援助案件立卷材料由卷封、卷内目录、卷内材料组成。卷内材料包括法律援助机构受理、审查、指派等审批材料，以及律师提交的承办材料。上述立卷材料均应按照有关规定及时归档，承办归档材料详见附录 A。司发通〔2013〕34 号规定了格式文书的要求。

8.7.2 法律援助机构审批材料主要包括：

a）法律援助申请、审批材料（申请类）；

b）申请人身份证明材料，如代为申请，还应提供授权委托书及代理人身份证明，或监护资格证明及监护人身份证明，或近亲属关系证明及近亲属身份证明（申请类）；

c）经济困难证明或其他证明材料（申请类）；

d）申请事项有关材料（申请类）；

e）申请材料接收凭证（申请类）；

f）刑事辩护、代理通知材料（通知类）；

g）给予（不予）法律援助决定书（存根）、指派通知书；

h）送达回证；

i）据以结案的相关文书；

j）结案报告表。

8.7.3 承办律师应在结案后逐项填写结案报告表，并自案件办结之日起 30 日内向法律援助机构提交立卷材料。侦查阶段应以承办律师收到起诉意见书或撤销案件的相关法律文书之日为结案日。审查起诉阶段应以承办律师收到起诉书或不起诉决定书之日为结案日。诉讼案件以承办律师收到判决书、裁定书、调解书之日为结案日。无相关文书的，以义务人开始履行义务之日为结案日。法律援助机构终止法律援助的，以承办律师所属单位收到终止法律援助决定函之日为结案日。

8.7.4 承办材料应反映承办律师接受委托办理案件的全过程。提前解除委托协议的，应说明原因，并附上相关手续。

8.7.5 法律援助机构应自收到承办律师提交的立卷材料之日起 30 日内审查完毕。对于材料齐全的，应根据本地法律援助经费管理办法，按照规定的范围、标准和程序及时支付办案补贴或报销有关费用。

8.7.6 未成年受援人刑事法律援助案卷归档和查询，应符合未成年人犯罪记录封存有关规定。

8.7.7 刑事法律援助案卷管理应严格遵守保密制度，依法保守法律援助工作中知悉的国家秘密、商业秘密和当事人隐私。

8.7.8 各地法律援助机构应运用法律援助管理信息系统及时存储和更新刑事法律援助案件相关数据，并将产生的非涉密数据上传司法公有云，与司法部法律援助管理信息系统对接，实现刑事法律援助办案数据互通共享。

9　服务质量控制

9.1　基本原则

司法行政机关应监督刑事法律援助案件服务质量，建立并不断完善法律援助案件考核评估机制，并积极采取具体措施改进服务方式，不断提高服务质量。

9.2　监督检查形式

监督检查形式应包括：

a）庭审旁听；

b）电话回访；

　　c）网上评估；

　　d）社会监督；

　　e）满意度调查；

　　f）回访受援人。

9.3　考核评估

　　司法行政机关应建立考核评价机制，设置考核指标；定期组织刑事法律援助案件质量评估，对考核、评估结果进行分析，对不符合要求的督促改进。

9.4　投诉处理

　　司法行政机关应设立投诉举报电话、意见箱、意见簿、网络信箱等多种投诉渠道，并向社会公示。对投诉情况及时记录并调查，处理结果反馈投诉人，投诉处理材料归档。

9.5　服务改进

9.5.1　情况通报

　　司法行政机关应整理汇总监督检查、考核评估、投诉等情况，对服务质量进行通报。

9.5.2　问题处理

　　通过监督检查、考核评估，发现案件办理存在较为普遍的共性问题的，应制定整改措施，完善流程管理。

附录 A
（规范性附录）
承办阶段归档材料目录

A.1 刑事辩护侦查阶段

刑事辩护侦查阶段归档材料如下：
a) 法律援助指派通知书（指派函）；
b) 委托辩护协议；
c) 通知辩护公函；
d) 会见笔录；
e) 律师法律意见书（或调解协议书）；
f) 释放证明或其他类似法律文书；
g) 撤案决定书；
h) 结案报告表；
i) 受援人权利、义务、诉讼风险告知书；
j) 其他与案件有关的证据、材料及文书。

A.2 刑事辩护审查起诉阶段

刑事辩护审查起诉阶段归档材料如下：
a) 法律援助指派通知书（指派函）；
b) 委托辩护协议；
c) 通知辩护公函；
d) 会见笔录；

e）阅卷材料；

f）辩护意见；

g）不起诉决定书或起诉意见书；

h）结案报告表；

i）受援人权利、义务、诉讼风险告知书；

j）其他与案件有关的证据、材料及文书。

A.3　刑事辩护审判阶段

刑事辩护阶段归档材料如下：

a）法律援助指派通知书（指派函）；

b）委托辩护协议

c）通知辩护公函；

d）起诉书副本；

e）会见笔录；

f）阅卷材料；

g）庭前会议材料

h）出庭通知书；

i）庭审笔录；

j）辩护词；

k）判决书或裁定书；

l）结案报告表；

m）受援人权利、义务、诉讼风险告知书；

n）其他与案件有关的证据、材料以及文书；

o）二审案件还应提交一审判决书或裁定书和上诉书；

p）重审或再审案件除提交上述材料外，还应提交重审或再审决定书。

A.4 刑事代理审查起诉阶段

刑事代理审查起诉阶段归档材料如下：

a）法律援助指派通知书（指派函）；

b）委托代理协议、授权委托书；

c）询问笔录；

d）刑事代理意见书；

e）刑事附带民事诉状；

f）不起诉决定书；

g）受援人权利、义务、诉讼风险告知书；

h）其他。

A.5 刑事代理审判阶段

刑事代理审判阶段归档材料如下：

a）法律援助指派通知书（指派函）；

b）委托代理协议、授权委托书；

c）起诉书副本；

d）询问笔录；

e）刑事代理意见书；

f）庭审笔录；

g）裁判文书；

h）受援人权利、义务、诉讼风险告知书

i）其他。

参考文献

［1］中华人民共和国刑事诉讼法 . 2018 年 10 月 26 日第三次修正

［2］中华人民共和国律师法 . 2017 年 9 月 1 日第三次修正

［3］中华人民共和国国务院令第 385 号 . 法律援助条例

［4］中办发〔2015〕37 号 . 关于完善法律援助制度的意见

［5］法释〔2012〕21 号 . 最高人民法院关于适用《中华人民共和国刑事诉讼法》的解释

［6］高检发释字〔2012〕2 号 . 人民检察院刑事诉讼规则（试行）

［7］公安部令第 127 号 . 公安机关办理刑事案件程序规定

［8］司发通〔2013〕161 号 . 法律援助投诉处理办法

［9］法发〔2017〕8 号 . 关于逐步实行律师代理申诉制度的意见

［10］法发〔2016〕18 号 . 关于推进以审判为中心的刑事诉讼制度改革的意见

［11］司发〔2017〕9 号 . 关于推进公共法律服务平台建设的意见

［12］司律通字〔1991〕153 号 . 律师业务档案立卷归档办法

［13］律发通〔2017〕51 号 . 律师办理刑事案件规范

［14］DB33/T-2017 浙江省法律援助服务规范

［15］冀司〔2014〕154 号 . 河北省刑事法律援助案件质

量标准

［16］宁司援〔2012〕163 号．江苏省南京市办理法律援助案件规范指引（试行）

［17］浙司〔2013〕142 号．浙江省法律援助案件质量标准化管理规定

［18］渝司发〔2014〕111 号．重庆市法律援助服务质量标准（试行）

［19］海司发〔2014〕49 号．北京市海淀区刑事法律援助案件质量标准

图书在版编目（CIP）数据

办理法律援助案件程序规定理解与适用：对照法律援助法指导应用 / 郭志媛，卫跃宁主编 . —北京：中国法制出版社，2023.10

ISBN 978-7-5216-3882-0

Ⅰ. ①办… Ⅱ. ①郭… ②卫… Ⅲ. ①法律援助-研究-中国 Ⅳ. ①D926.04

中国国家版本馆 CIP 数据核字（2023）第 173225 号

策划编辑：王　熹（wx2015hi@sina.com）
责任编辑：赵律玮（ayu.0907@163.com）　　　　　　　　封面设计：李　宁

办理法律援助案件程序规定理解与适用：对照法律援助法指导应用
BANLI FALÜ YUANZHU ANJIAN CHENGXU GUIDING LIJIE YU SHIYONG：DUIZHAO
FALÜ YUANZHUFA ZHIDAO YINGYONG

主编/郭志媛，卫跃宁
经销/新华书店
印刷/三河市紫恒印装有限公司
开本/880 毫米×1230 毫米　32 开　　　　　　　印张/ 10.625　字数/ 173 千
版次/2023 年 10 月第 1 版　　　　　　　　　　2023 年 10 月第 1 次印刷

中国法制出版社出版
书号 ISBN 978-7-5216-3882-0　　　　　　　　　　　　　定价：49.00 元

北京市西城区西便门西里甲 16 号西便门办公区
邮政编码：100053　　　　　　　　　　　　传真：010-63141600
网址：http：//www.zgfzs.com　　　　　　编辑部电话：**010-63141793**
市场营销部电话：010-63141612　　　　　印务部电话：**010-63141606**

（如有印装质量问题，请与本社印务部联系。）